Rüdiger Maschwitz

Kooperiere mit dem Unvermeidbaren

Rüdiger Maschwitz

Kooperiere mit dem Unvermeidbaren

Das Geheimnis gelassener Menschen

Kösel

Copyright © 2008 Kösel-Verlag, München,
in der Verlagsgruppe Random House GmbH
Druck und Bindung: CPI Moravia Books s. r. o., Pohorelice
Umschlag: 2005 Werbung, München
Umschlagmotiv: Fotolia
Layout, Herstellung: Jan Halpape, Stuttgart
Printed in Czech Republic
ISBN 978-3-466-36782-5

*Das für dieses Buch verwendete FSC-zertifizierte Papier EOS
liefert Salzer, St. Pölten.*

www.koesel.de

»Nenne mir ein Unvermeidbares,
 mit dem ich jeden Tag leben muss.
 Ein Unvermeidbares,
 dem ich ausgeliefert bin und
 das ich nicht verändern kann.«

»Das Wetter, damit wirst du immer leben müssen.
 Es ist so, wie es ist — unvermeidbar.«

Inhalt

Vorwort: Ermunterung zu einer neuen Haltung 9

**Mit dem Unvermeidbaren kooperieren –
ein Perspektivwechsel** 13

Was heißt Kooperation? 17

Kooperation ermöglicht Veränderungen 21

Ein bisschen oder uneingeschränktes Kooperieren 22

Was ist Gelassenheit? 24

Gelassenheit ist kein Fatalismus 24

Hase und Igel 25

Das Gegenteil von Gelassenheit 27

Hafte nicht an! 30

Gibt es Unvermeidbares,
an dem der Mensch haften muss? 32

Der Umgang mit dem Unvermeidbaren 33

Zehn einfache Grundregeln 36

Das Unvermeidbare............................. 37

Das allgemeine Unvermeidbare 40
Geboren werden 40

Mein Zuhause 41

Geschwisterkonstellationen 43

Lebensgeschichte und unveränderbare Prägungen 44

Krankheit und Leid 45

Frau oder Mann sein 47

Das Älterwerden – alles hat seine Zeit 50

Das Sterben und der Tod 51

Der unvermeidbare Mitmensch 54

Das unvermeidbare Böse? 55

Das erworbene und zugefügte Unvermeidbare 59
Entscheidungen Dritter 60

Im wirtschaftlichen Bereich 64

Eltern entscheiden für ihre Kinder 66

Das selbst verursachte Unvermeidbare 68
Was Entscheidungen und Handlungen bewirken 70

Wer Kinder hat, hat Kinder 71

Das Vermeidbare wird zum Unvermeidbaren –
durch Handlungen 71

Kooperieren mit dem, was mir zugutegekommen ist 73
Kooperation und Rebellion 75

Der Raum zwischen Vermeidbarem und Unvermeidbarem – das Unabänderliche 79

Das Unabänderliche – eine Erläuterung 82

Das Unabänderliche als besonderes Eigentor 83

Selbst verursachte Katastrophen –
das Unabänderliche verhindern 84

Mehrfach Unabänderliches 86

Die unabänderliche Adoption 90

Der Umgang mit dem Unabänderlichen 92

Spirituelle Dimensionen der Gelassenheit 95

Gelassenheit, Vertrauen und Hingabe 96

Aus dem Herzen kommendes,
uneingeschränktes Kooperieren 98

Grenzen als Chancen 99

Innehalten statt »Weiter so!« 100

Übungen, die die Herzensruhe,
Hingabe und Vertrauen fördern 101

Heilsame Gelassenheit statt Schuldgefühle 103

Ohne die Warum-Frage leben 105

Auf den Punkt gebracht – ein übersichtliches Fazit 108

»Was ist das Geheimnis deiner Ruhe und Gelassenheit?«,
fragten die Schüler.
Sagte der Meister: »Aus dem Herzen kommendes,
uneingeschränktes Kooperieren mit dem Unvermeidlichen.«
Anthony de Mello

Vorwort: Ermunterung zu einer neuen Haltung

Dieses Buch nahm vor über vier Jahren seinen Anfang, als ich diese kleine Geschichte von Anthony de Mello las. Sie ließ mich nicht mehr los. Ich habe dieses Thema in vielen Seminaren, Vorträgen und intensiven Meditationstagen aufgegriffen, entfaltet und durchgearbeitet. Trotzdem stehe ich dabei immer wieder am Anfang – und das wird auch so bleiben. Sie werden dies auch in diesem Buch spüren: Es ist nicht fertig. Es enthält offene Fragen und weiterführende Anregungen. Die Grenzen zwischen den im Buch behandelten Begriffen sind nicht statisch, sondern fließend.

Kontinuierlich habe ich mich mit Situationen und Gegebenheiten, mit Erfahrenem, mit Menschen und mit mir selbst auseinandergesetzt. Es war und ist spannend. Ich bin dankbar für die Entdeckung der Kooperation mit dem Unvermeidbaren, sie hat mir das Leben leichter gemacht, obwohl oder vielleicht gerade weil sie mich herausfordert.

In diesem Prozess habe ich mich von de Mellos Begriff des Unvermeidlichen gelöst, das Unvermeidbare ist härter und klarer und hat einen anderen, endgültigeren Klang. Gerade in einer Zeit, in der wir alles für erklär- und steuerbar halten, öffnet die Auseinandersetzung mit Gelassenheit und dem Unvermeidbaren neue Horizonte, widerspricht sie der Resignation und schenkt Perspektiven.

Dieses kleine Buch gibt nicht einfach Ratschläge, sondern ermuntert Sie zu einer neuen Haltung: Leben Sie gelassen. Wie Sie das schaffen, ist einfach erklärt: Kooperieren Sie mit dem Unvermeidbaren! Das ist alles, funktioniert und spart Ihnen jede Menge (inneren) Ärger, setzt Energie frei und nimmt Ihnen obendrein einige Grundentscheidungen ab. Das alte Übel, sich ständig zwischen Wichtigem und Unwichtigem entscheiden zu müssen, erledigt sich. Einige Thesen des Zeitmanagements reden uns ein, dass mit dieser Unterscheidung unser Leben einfacher wird. Nun erlebe ich genügend Menschen, die, bevor sie das Wichtige tun, zunächst viel Zeit brauchen, um Wichtiges und Unwichtiges zu unterscheiden. Ich habe den Eindruck, dass ich in dieser Zeit schon einiges erledigt habe.

Das Hauptübel des ganzen Zeitmanagements ist – abgesehen davon, dass es dieses überhaupt gibt – die Vernachlässigung des Unvermeidbaren. Genau hier setzt dieses Buch an. Es lädt Sie ein, mit dem Unvermeidbaren zu kooperieren.

Viele Menschen haben wissentlich oder unwissentlich an diesem Buch mitgewirkt. Ich danke allen, deren Anregungen und Lebenserfahrungen ich aufnehmen durfte. Ich hoffe, dass ich – wo es gewünscht und notwendig war – genug verfremdet habe.

Viel Spaß beim Lesen, viel Freude beim Kooperieren!

Hetzenholz, im unvermeidbaren Sommer 2007
Rüdiger Maschwitz

»Kooperation mit dem Unvermeidbaren
ist das Tor zu einem einfacheren Leben.«

Mit dem Unvermeidbaren kooperieren – ein Perspektivwechsel

Jeder Mensch kennt das Unvermeidbare und es lässt sich gut beschreiben. Nehmen wir ein Beispiel, das viele Facetten hat, aber noch nicht in die Tiefe geht:

Vor einiger Zeit fuhr ich freitags von Köln in Richtung Offenburg. Die Fahrt war nicht vermeidbar, da ich dort einen Termin hatte. An der Gestaltung der Fahrt war vieles planbar und damit vermeidbar. Ich entschied mich für eine Autofahrt, da sich in der weiteren Umgebung ein zweiter Termin anschloss. Als ich unterwegs in einem nicht angekündigten Stau stand, war die Situation unvermeidbar.

Nun gibt es Menschen, die mir in solchen Fällen alles aufzählen, was zur Vermeidung des Staus hätte führen können:
- »Du hättest mit der Bahn fahren können.«
- »An einem solchen Tag fährt man pünktlich los und nicht so spät wie du.«
- »Man hört nicht nur Verkehrsfunk, sondern informiert sich zusätzlich per Handy über das Verkehrsaufkommen.«
- »Du machst einfach zu viel, bleib zu Hause, dann sitzt du nicht im Stau.«

Ich gehöre als Vielfahrer zu den Menschen, für die Staus einfach dazugehören und in letzter Konsequenz unvermeidbar sind. Wie gehe ich nun damit um? Ich ärgere mich (meistens) nicht über das scheinbar Vermeidbare, sondern:
- Ich informiere meine Geschäftspartner, wenn ich mich verspäte, und sorge vor, indem ich die Kontaktdaten greifbar habe.

- Ich nehme Musik mit, die ich nun in Ruhe genießen kann.
- Stecke ich richtig fest, dann erledige ich Angemessenes, beispielsweise mache ich Notizen oder bereite Seminare organisatorisch und inhaltlich vor.
- Ich gönne mir die Ruhe und notiere meine Einfälle.
- Ich telefoniere, wenn der Verkehr völlig zum Erliegen kommt, mit netten Menschen oder erledige berufliche Telefonate – natürlich mit einer Freisprechanlage.
- Ich trinke Tee, den ich fast immer dabei habe, oder esse eine Kleinigkeit.

Sie merken also, ich kooperiere mit dem Stau. Ich akzeptiere die Situation und mache nicht nur das Beste daraus, denn dies wäre dann lediglich das kleinere Übel. Ich nutze ihn zu meinem Vorteil oder schaffe mir in der Situation zumindest auch Angenehmes.

Es tritt also ein Perspektivwechsel ein: Ich jammere weder über das vermeintlich Vermeidbare, noch ärgere ich mich über das Unvermeidbare.

Ich gestalte das Unvermeidbare zu meinen Gunsten. Ich werde Handelnder, indem ich das Unvermeidbare nicht nur ertrage, sondern mit ihm zusammenarbeite. Dieser Perspektivwechsel ist das erste Geheimnis der Gelassenheit. Ich kann das Unvermeidbare im Sinne einer echten Akzeptanz zulassen und gebe mich nicht dem Unvermeidbaren »irgendwie« hin. Vielmehr verändere ich es durch Kooperation.

Die Unvermeidbarkeit des Staus ist ein weniger dramatisches Beispiel, das den Menschen selten existenziell betrifft. Es sei denn, Sie haben Platzangst und fühlen sich eingesperrt. Dann wird der Stau zur Bewährungsprobe. Der Umgang mit dem Stau zeigt aber, worum es in diesem Buch geht.

Was heißt Kooperation?

In vielen Fällen kostet eine Nichtzusammenarbeit mit dem Faktischen, also mit dem, »was jetzt ist«, viel Energie. Der Mensch verweigert sich den Fakten, die eigentlich zu bewältigen wären und verbraucht dabei seine emotionalen Reserven. Er setzt seinen Willen in den meisten Fällen wider besseres Wissen nicht ein. Er bezwingt seinen Körper und muss später dennoch das Notwendige, das Unaufschiebbare und das Unvermeidbare gestalten.

Auf drei seiner Daseinsebenen gerät der Mensch mit sich in Konflikt: Seele, Geist und Körper leiden darunter, dass er sich dem Unvermeidbaren nicht stellt. Letztlich schadet es der Gesundheit als Ganzes. Dies führt zu Verspannungen, seelischen Blockaden, Störungen des inneren und äußeren Gleichgewichtes, Burn-out-Syndromen oder Beziehungskrisen. Dies könnte schon erheblich gemildert werden, wenn der Mensch sich erst einmal dem Unvermeidbaren stellen würde. Dieser erste Schritt bedeutet, dass der Betroffene ernsthaft anerkennt: Es gibt Unvermeidbares.

Für diejenigen, die nach dem Gelesenen nicht glauben, dass es in ihrem Leben Unvermeidbares gibt, nenne ich eindeutige Beispiele.

Eine Frau erfühlt in ihrer Brust kleine Knoten. Sie erschrickt und denkt sofort an Krebs. Dann beruhigt sie sich selbst und verdrängt ihr schlechtes Gefühl. Aber es gelingt nicht ganz. Sie informiert sich im Internet über das Thema, ertastet immer wieder die Brust und spricht endlich mit ihrem Mann und einer Freundin. Beide erschrecken und haben ihre eigenen Fantasien.

Der Mann möchte so schnell wie möglich Klarheit. Auf sein Drängen geht sie zu ihrem Gynäkologen. Dieser ist nach seinen Untersuchungen behutsam und vorsichtig mit seiner Diagnose. Aber nach Besuchen bei einigen anderen Fachärzten und weiteren Untersuchungen steht fest: Es handelt sich wahrscheinlich um Krebs.

Die Untersuchungen haben die Frau verunsichert, irritiert und Kraft gekostet. Nach der Diagnose wandelt sich die Haltung der Frau schlagartig. Sie stellt sich der Diagnose und nimmt sich vor, über ihr weiteres Leben und auch die Therapie selbst zu entscheiden, dies zu verantworten und zu gestalten. Dabei akzeptiert sie den Krebs als Tatsache und gewinnt so die Freiheit, ihr Leben selbst zu bestimmen. Sie fällt eine Grundentscheidung: Lebensqualität statt Lebensverlängerung.

In dieser kleinen Beschreibung wird das Unvermeidbare fassbar, aber auch das, was diese Frau durch die Kooperation mit ihrer Krankheit gewann.

Unvermeidbar, wie eine Krankheit, sind ebenso Tod und Leid, das Mann- oder Frau-Sein, die Auswirkungen der eigenen Lebensgeschichte, die persönliche Unvollkommenheit, die Frage und Sehnsucht nach Glück und Lebenssinn.

Vergegenwärtigen wir uns den ersten Schritt, den die Frau gegangen ist: Der Mensch erkennt an, dass es Unvermeidbares gibt. Im zweiten Schritt kann er sich nun entscheiden, wie er mit dem Unvermeidbaren umgeht. Mancher möchte vielleicht im Bezug auf das Unvermeidbare keine Entscheidung treffen und trifft damit eine »fatale« Entscheidung. Dies hätte in dem Beispiel an mehreren Stellen geschehen können: Die Frau nimmt ihre Entdeckung nicht ernst, oder: die Frau ist durch die Diagnose wie gelähmt und die Ärzte bestimmen den Fortgang ihres Lebens, oder: die Frau verdrängt die Diagnose und tut so, als habe es diese nie gegeben.

Hier wird deutlich: Es gibt in diesem Zusammenhang keine Nichtentscheidung. Jeder würde sich mit einer vermeintlichen Nichtentscheidung dem Unvermeidbaren hingeben. Er oder sie unterwirft sich dadurch dem Unvermeidbaren und wird davon dominiert.

Ein anders ausgerichtetes Beispiel:

Eine Frau hat vier Kinder zwischen sechs und elf Jahren. Morgens müssen alle vier Kinder für die Schule fertig gemacht werden. Ihr Mann hat sehr oft Nachtdienst. Sie ist mit der Situation überfordert und entzieht sich ihr. Eigentlich könnte sie das »Muss« dieser Situation einsehen. Sie verweigert sich aber, indem sie regelmäßig verschläft und die Kinder den Schulbus verpassen. Sie fahren dann erst mit dem nächsten Bus und kommen zu spät. Nun muss die Frau Entschuldigungen schreiben und bekommt nach einiger Zeit Besuch vom Jugendamt, weil die Kinder so oft zu spät kommen. Natürlich ist die Frau überlastet, aber ihre Entscheidung nicht aufzustehen, schafft eine viel höhere Belastung.

Sie ringt sich zu einer neuen, grundsätzlichen Entscheidung durch. Sie steht früher auf, macht die Kinder fertig, liest die Zeitung, trinkt Kaffee – manchmal sogar mit ihrem Mann –, schläft anschließend noch ein wenig und ist dann fit für den Tag.

Die Frau in diesem Beispiel hat durch die Kooperation mit dem unvermeidbaren »Muss« Lebensqualität gewonnen. In diesem Fall heißt Kooperation mehr als Akzeptanz des Aufstehens, es heißt auch Fürsorge für sich selbst. Indem sie etwas tat, was ihre gelernte Verhaltensnorm eigentlich nicht erlaubte, nämlich sich noch einmal schlafen zu legen, gewann sie Gestaltungsfreiheit.

Genau dies ist das zweite Anliegen der Kooperation mit dem Unvermeidbaren: Gestaltungsfreiheit zu gewinnen und schlechtes Gewissen und Schuldgefühle zu verlieren. Kooperation ist also nicht Anpassung an das Unvermeidbare. Im Gegenteil, es entwickelt sich Zusammenarbeit zwischen dem Unvermeidbaren, seiner ganzen Hartnäckigkeit und seiner nicht zu leugnenden Wirklichkeit, und dem Menschen, der in dieser Zusammenarbeit seinen Handlungsraum findet.

Kooperation ermöglicht Veränderungen

Dazu eine Geschichte von dem Mann, der des Öfteren kurzfristig von seinem Chef auf Dienstreisen geschickt wurde:

Kurz vor seinem zwanzigsten Hochzeitstag sandte der Vorgesetzte diesen Mann in eine andere Stadt, um dort Verhandlungen zu führen. Niemand konnte dies besser als er, das wusste der Betroffene selbst. Aber nun würde er an seinem Hochzeitstag in einer anderen Stadt sitzen. Nicht nur das: Der Mann hatte seiner Frau für diesen Abend einen Konzertbesuch versprochen. Die Dienstreise war nicht verschiebbar, dies war klar. Aber ebenso deutlich würde die Enttäuschung seiner Frau sein. Spontan sagte der Mann zu seinem Chef: »Ich stehe in einer doppelten Pflicht, Ihnen und meiner Frau gegenüber. Wir haben übermorgen zwanzigsten Hochzeitstag und wollten am Abend in ein schönes und uns wich-

tiges Konzert gehen. Aber noch schlimmer wäre es, wenn wir an diesem Tag nichts gemeinsam unternehmen könnten. Es gibt nur eine Lösung: Ich nehme meine Frau mit auf Dienstreise.« Der Chef war zunächst irritiert, sah dann jedoch keinerlei Schwierigkeiten und bezahlte sogar die Mehrkosten für das Hotel.

Hier geschah eine spontane Kooperation mit dem Unvermeidbaren und mit dem Chef. Nicht die Enttäuschung bestimmte die Handlung, sondern die eigene kreative Gestaltungsfähigkeit. Kooperation führt in diesen Fällen zum Interessenausgleich. Nichtkooperation führt dagegen zur Verweigerung, destruktiven Emotionen oder gar zur Lähmung. Wird stattdessen Kooperation eingeübt, wächst die Gelassenheit. Nun wird nicht jeder Chef auf diese Weise reagieren, gemeinsam zu fahren wäre aber auf jeden Fall eine sinnvolle Lösung gewesen.

Ein bisschen oder uneingeschränktes Kooperieren?

Sollen wir uneingeschränkt kooperieren oder reicht es schon, ein bisschen mit dem Unvermeidbaren kooperieren? Kocht man Nudeln in ein bisschen oder in reichlich Wasser? Kann der Mensch schwimmen, ohne sich nass zu machen? Ich möchte mit diesem Buch nicht nur zu einem bisschen Kooperation einladen. Wir leben zu oft mit diesen »Bisschen«, mit dem »Weniger«, mit dem kleinsten Kompromiss: mit ein bisschen Gerechtigkeit, ein bisschen Frieden, ein bisschen weniger Essen, ein bisschen Gesundheitsreform.

Das Unvermeidbare kennt kein »Bisschen«, es ist radikal. Wer nur ein bisschen mit dem Unvermeidbaren zusammenarbeitet, sollte wissen, dass er sich dem Unvermeidbaren dadurch nicht stellt. Er verbraucht in diesem Fall viel Energie und Kraft für wenig Erfolg. Ein Auto fährt notfalls noch mit einem funktionierenden Zylinder, aber wirklich sinnvoll ist dies nicht. Es geht eine Weile gut, dann ist das Auto aber völlig kaputt.

Wir haben so viel innere Kompromissbereitschaft, dass jede eingeschränkte Haltung, wie ein bisschen Zusammenarbeit mit dem Unvermeidbaren, zu noch weniger, also zu einem ironisch formulierten »kleinen Bisschen« führt. Mir erscheint nur eins richtig: wenn Kooperation, dann uneingeschränkte Kooperation.

Was ist Gelassenheit?

Gelassenheit ist kein Fatalismus

Gelassenheit ist eine Eigenschaft, eine Haltung und eine Übung gleichermaßen.

Als Eigenschaft wäre sie mit abwartend, auf sich zukommen lassend, offen und achtsam, ruhig und kaum zu überraschen beschreibbar. Der gelassene Mensch nimmt die Dinge und das Geschehen so, wie sie sind. Damit soll keinem Fatalismus und keiner Schicksalsergebenheit das Wort geredet werden. Diese Haltung enthält vielmehr das Wissen, dass das Unvermeidbare existiert und dass jede und jeder dieses Unvermeidbare annehmen sollte, um es zu gestalten. Während Fatalismus und Schicksalsergebenheit den Menschen dem Unvermeidbaren ausliefern, kooperiert der Weise mit dieser Tatsache.

Die russischen Einsiedler wohnten in ihren einfachen Hütten in den Wäldern so weit auseinander, dass die Einsamkeit gewährleistet war und doch so nah, dass sie sich helfen konnten.

Einem Altvater brannte die Hütte ab. Vielleicht war ihm etwas Glut aus dem selbst gemauerten Herd auf den Holzfußboden gefallen. Die Hütte brannte schnell lichterloh und kaum etwas konnte gerettet werden, der Einsiedler besaß allerdings auch wenig. Die anderen Einsiedler kamen herbei und versuchten das Feuer zu löschen. Sie jammerten und bedauerten das Unglück. Dann schauten sie sich um. Der Altvater war nirgends zu sehen. Er hatte alles verloren. Sie machten sich große Sorgen und suchten ihn. Schließlich fanden sie ihn im Wald. Er fällte Bäume für eine neue Hütte und legte sich Tannenzweige für das neue Schlaflager zurecht.

Hase und Igel

Allein das Unvermeidbare als Tatsache anzuerkennen ist ein weiser, aktiver Akt. Der Weise gewinnt dadurch Gelassenheit, der Tor aber kämpft gegen das Unvermeidbare, beschwört es oder unterwirft sich ihm.

Er verliert dabei viel. Die sachliche Wahrnehmungskraft schwindet, die Emotionen nehmen unangemessen überhand und seelisch-geistig-körperliche Spannungen steigern sich zur Verspannung. So entsteht statt Gelassenheit eine Erstarrung, ein nahezu depressives Sich-der-Situation-Überlassen. Die Folge ist ein gehetzter Mensch, der die Anforderungen des Lebens nicht bewältigt, die er sich selbst auferlegt, indem er versucht, das Unvermeidbare zu besiegen. Es gibt keinen Sieg über das Unvermeidbare. Es ist eher wie im Märchen vom Wettlauf zwischen Hase und Igel. Während der Hase von einem Punkt zum nächsten läuft, ruft das Unvermeidbare – wie der Igel: »Ich bin schon hier!«

Das Unvermeidbare ist ein Sisyphus-Geschäft. Es ist nie zu erledigen, es ist nie aus dem Terminkalender zu streichen, es begegnet uns garantiert immer wieder. Und damit kann oder muss der Umgang mit dem Unvermeidbaren und der Weg zur Gelassenheit eine immer wiederkehrende Übung werden.

Das Gegenteil von Gelassenheit

Um Gelassenheit umfassender zu verstehen, ist es hilfreich, sich das Gegenteil von beziehungsweise den Gegenpol zur Gelassenheit zu verdeutlichen. Welche ist die Haltung, die der Gelassenheit entgegensteht, sie verhindert, sie unmöglich macht?

Eigenschaften und Lebensweisen, die nicht von Gelassenheit geprägt sind, lassen sich leicht benennen: stur und unflexibel sein, sich verrennen, festbeißen, vertrauten Mustern folgen, nur eine Richtung kennen, Zwischentöne im Leben schwer wahrnehmen, Innehalten vermeiden und viele mehr. Aber diese Begriffe benennen noch nicht das Gegenteil, sondern bezeichnen Charakterzüge der Menschen, die sich mit Gelassenheit schwer tun.

Bei einer längeren Meditationswoche war Gelassenheit unser Thema. Es zog sich durch das Schweigen hindurch. Die Gruppe suchte viele Wörter für das Gegenteil und fand Begriffe wie: sich hängen lassen, Überaktivität, Festhalten, nicht loslassen.

Eine Frau brachte es auf den Punkt: Das Gegenteil von Gelassenheit ist Anhaften. Wer anhaftet, kann nicht lassen. Dem Mensch fehlt der Freiraum und die Handlungsfähigkeit, loszulassen und flexibel auf die jeweilige Situation zu reagieren. Zwei Geschichten machen dies aus ganz unterschiedlichen Perspektiven deutlich. Zuerst ein Märchen:

Schwan kleb an
Ein junger Mann bekommt einen Schwan geschenkt, der eine merkwürdige Eigenschaft hat. Sobald er sagt »Schwan kleb an«, haftet der Mensch, der den Schwan berührt, an ihm fest. Viele begegnen dem jungen Mann und haften bald an dem Schwan und warten auf Erlösung. Dieses Anhaften beschreibt ironisch, wie festgelegt, unflexibel und wenig kreativ Menschen ihren Mustern – egal ob sinnlos oder sinnvoll – folgen. Es ist wunderbar, sich an die Illustration zu erinnern, die ich als Kind zu dem Märchen sah: Der junge Mann hält den Schwan unter dem Arm und eine lange Schlange von Menschen klebt an dem Schwan. Einer klebt unmittelbar daran, dann der nächste an diesem Menschen und so geht es weiter.

Der junge Mann hält mit dem Schwan etwas für ihn Wunderbares. Alle anderen möchten es auch haben und folgen ihm. Sie berücksichtigen nicht, was für sie selbst wichtig ist. Sie haften an. Sie können nicht lassen, was sie sehen und was sie festhält. Es bedarf einer neuen Lösung, einer neuen Sichtweise, einer Gelassenheit, die das Leben verändert und erleichtert. Aber davon sind die anhaftenden, anklebenden Menschen weit entfernt.

Die zweite Geschichte erzählt von Jesus und sie beschreibt geradezu ideal, was Anhaften und Gelassenheit bedeuten:

Ein junger Mann kommt zu Jesus und fragt ihn: »Wie kann ich das Leben finden, das ewig Bestand hat?«
Jesus antwortet: »Halte dich an die Grundregeln, die das Leben leichter und erfüllt machen!«
Der junge Mann erwidert: »Dies und mehr habe ich mein ganzes Leben getan!«
Jesus nickt und sieht ihn an: »Nun, es fehlt dir nur eins: Lass das zurück, was dir am wichtigsten ist und dich festhält und dich hindert am Leben. Gib deinen Reichtum auf und verteile deinen Besitz an die, die es bedürfen.«
Der junge Mann kann dies nicht und geht weinend davon.
Jesus aber wendet sich seinen Freunden zu: »Dieser Mann wird sich schwer tun, erfülltes, ewiges Leben bei Gott und den Menschen zu finden.«

Hafte nicht an!

Diese Geschichte kann sicherlich unter verschiedenen Aspekten betrachtet werden. Manche Menschen hat diese Begebenheit sicher zu einem einfacheren Leben angeregt. Mancher hat die Verantwortung für seinen Besitz vielleicht anders und neu wahrgenommen.

Aber dies kann nicht die zentrale Aussage dieser Begegnung sein. Das Zentrale liegt jenseits der einfachen Moral »Besitz ist verwerflich« und den daraus folgenden Handlungsanweisungen. Jesus sagt eine schlichte und einfache Wahrheit: »Hafte nicht an.« Halte dich nicht an dem Vergänglichen fest. Geld, Gesundheit, Besitz, Status: Alle diese Dinge machen das Leben nicht erfüllt, nicht sinnvoll oder haben gar ewigen Bestand.

Die harte Lebenserfahrung der Generation meiner Mutter – zwei Währungsreformen, Geldverluste ohne Ausmaß und die Zerstörung von Besitz und Beziehungen durch Kriege und Wirtschaftszusammenbrüche im letzten Jahrhundert – hat sehr unterschiedliche, ja entgegengesetzte Auswirkungen auf die Menschen gehabt. Manchen hat sich der Blick für das Wesentliche geöffnet, während manch andere sich auf das Gegenteil, also auf Zweitrangiges oder Vergangenes fixiert haben. Diese Menschen hafteten und haften dann aus leidvollen Erfahrungen heraus am Wirtschaftsaufschwung oder an der Wunderwelt des Reichtums und des Besitzes. Sie können und wollen nicht lassen, möchten immer mehr oder möchten das Vorhandene wenigstens absichern. Es fehlt die Gelassenheit im Leben. Sie folgen dem reichen jungen Mann, sie haften an, sie sind abhängig. Aber Vorsicht: In dieser Geschichte von Jesus ist nicht der Reichtum verwerflich, sondern die Folgen sind tragisch, die sich aus dem Reichtum ergeben. Der junge Mann ist unfrei.

Beim genaueren Hinsehen ist er auf mehreren Ebenen unfrei und damit nicht gelassen. Dies ist oft der Fall. Wer an einer Stelle festgelegt und unfrei ist, ist es auch an anderen wichtigen Punkten.

Anhaften bedeutet für den jungen Mann in der Geschichte dreierlei:

- Er haftet an Regeln, die nicht dem Schutz des Lebens dienen, sondern vermeintlich einzuhaltende Pflichten sind. Diese Pflichten sollen erfüllt werden, damit der Mensch zu einem »guten Menschen« werde – obwohl er nie völlig gut und perfekt sein kann. Hier wird offensichtlich, wie zweischneidig und durchaus pervers Pflichterfüllung werden kann. Dies wurde nicht erst und nicht nur im Faschismus deutlich.
- Er sehnt sich nach Erfüllung, nach Anerkennung und haftet an seinen alten Vorstellungen vom Leben. Er kann es nicht lassen, dies ist eine andere Form der Beschreibung von fehlender Gelassenheit.
- Die Chance frei zu werden hat einen persönlichen Preis. Sie muss »bezahlt« werden, in diesem Falle tatsächlich mit Geld. Es geht nicht, ohne das, was bindet, das, was hindert, zurückzulassen.

So wird die alte Lebensfrage deutlich: »Kann ich das lassen, was mich am Leben hindert?« Nichts anderes will Gelassenheit. Sie will immer wieder den Blick öffnen für das, was das Leben fördert und das freigeben, was Lebensintensität und Verantwortung blockiert und verhindert. Damit sind wir wieder beim Kooperieren mit dem Unvermeidbaren.

Gibt es Unvermeidbares, an dem der Mensch haften muss?

Theoretisch muss der Mensch an nichts haften, er ist frei. Aber er und natürlich ebenso sie wird dies im Alltag nicht umsetzen können. Wer von uns kann schon nicht anhaften? Es ist paradox mit dem Nicht-Anhaften. Niemand kann es und wer sagt: »Ich kann es«, haftet an der Illusion, das Nicht-Anhaften geschafft zu haben. Und schon haftet er an und klebt am »Schwan« des Nicht-Anhaftens. Deshalb ist der wegweisende Schritt für das eigene Leben nicht die Pflicht oder die neue Aufgabe des Nicht-Anhaftens, sondern die Kooperation mit dem Unvermeidbaren. Sonst hat der Mensch sich eine neue Falle gestellt. Wer mit dem Unvermeidbaren zusammenarbeitet, setzt sich mit den vielen Gesichtern des Anhaftens auseinander und vermeidet den »Schwan kleb an«-Effekt.

Der Umgang mit dem Unvermeidbaren

Wenden wir uns der Kooperation zu, die zu einem gelassenen Umgang mit dem Unvermeidbaren führt. In dem Wort Gelassenheit ist auch schon beschrieben, wie der Weg der Kooperation aussehen kann: lassen. Dabei geht der Mensch im Wesentlichen drei Schritte:
- wahrnehmen,
- annehmen und akzeptieren,
- kooperieren und gestalten.

Der Mensch nimmt wahr, was das Unvermeidbare ist und nimmt es an. Indem der Mensch das Unvermeidbare annimmt, geht er einen ersten Schritt auf das Unvermeidbare zu und lässt sich darauf ein. Annehmen ist nicht einfach ein Schritt, sondern beinhaltet das Wahrnehmen, also das Für-wahr Nehmen. In dem vorherigen Beispiel erkennt die Frau das Unvermeidbare – die Krankheit ist wahr. Davor liegt oft eine Phase, in der der Mensch – bleiben wir beim Beispiel – sein Kranksein nicht als Wahrheit anerkennt. Das Annehmen verändert die Einstellung zum Kranksein oder zur Behinderung, aber zum konstruktiven Umgang damit fehlen noch zwei Schritte.

Auf das Annehmen folgt das eigene, innere Akzeptieren. Oft ergibt sich dies parallel zur Kooperation. Hier ein Bericht eines Mannes:

Ich habe zum wirklichen Akzeptieren meiner Behinderung fast ein Jahrzehnt gebraucht, kooperiert habe ich in dieser Phase mit meiner Behinderung häufig, wenn auch nicht kontinuierlich.

Das Nicht-Akzeptieren zeigte sich daran, dass ich immer mal wieder Sportarten probiert habe, die eigentlich reines Gift für mich sind: eine kleine Runde Basketball – bis ich hinfiel, eine kleine Runde Fußball – bis mir jemand in die Beine grätschte, eine volle Runde Langlauf – mit der Folge von Hüftschmerzen. Vielleicht lernen manche Menschen, so wie ich, das Akzeptieren nur durch Ausprobieren und Wahrnehmen der eigenen Begrenzungen und durch Schmerz.

Hier geht es aber nicht allein um das Überschreiten eigener Grenzen, sondern auch um das Lassen von Sehnsüchten und das Lassen von alten, nicht mehr möglichen Lebensformen. Gelassenheit gewinnen hat demnach auch mit dem Lassenkönnen, Lassenmüssen, Abschiednehmen von Schönem, Wünschenswertem und nicht mehr Möglichem zu tun. Und doch ist es gut und lustvoll, manchmal etwas zu tun, was eigentlich seinen Preis hat und nicht mehr geht. Wenn dieser Mensch heute etwas länger tanzt, hat er morgen Hüftschmerzen. Ab und an zahlt er diesen Preis gerne, aber er weiß um seine Situation und achtet beim Tanzen auf das erträgliche Maß.

Ich würde auch Letzteres Kooperieren mit dem Unvermeidbaren nennen. Im Kooperieren gewinnt der Mensch Gestaltungsmöglichkeiten und -freiheiten. Nicht die Krankheit bestimmt den Menschen, sondern der Mensch gestaltet mit und im Kranksein sein Leben. Derjenige, der so gelassen handelt, trifft eigene Entscheidungen und ist, jenseits aller Einschränkungen und Tatsachen, frei. Er kooperiert.

Zehn einfache Grundregeln

1. Das Unvermeidbare will als Tatsache grundsätzlich anerkannt werden.

2. Der Mensch nimmt wahr, was in seinem Leben das Unvermeidbare ist und nimmt es an.

3. Der Mensch gestaltet das Unvermeidbare zu seinen Gunsten, er wird aktiv.

4. Wer mit dem Unvermeidbaren zusammenarbeitet, setzt sich mit seinem Anhaften, seinem Festhalten an überholten Mustern oder Erinnerungen auseinander.

5. Die neue Grundeinstellung lautet: Kooperieren statt blockieren oder konfrontieren.

6. Kooperation braucht Hartnäckigkeit und Geduld.

7. Kooperation fördert die Frustrationstoleranz und die Gesundheit.

8. Wer mit dem Unvermeidbaren kooperieren kann, akzeptiert seine persönlichen Begrenzungen.

9. Es erwächst eine Wechselwirkung: Mehr Gelassenheit führt zu mehr Kooperation, mehr Kooperation zu mehr Gelassenheit.

10. Der Mensch spart durch Kooperation Energie für das Wesentliche.

»Das Unvermeidbare ist die größte
Überraschung meines Lebens.
Seit ich es nicht mehr meide,
geht es mir deutlich besser.«

Das Unvermeidbare

Eine Frau kam zu einem Vortrag über Gelassenheit. Sie hatte das Unterthema »Kooperation mit dem Unvermeidbaren« nicht bemerkt und es schien ihr auch nicht wichtig zu sein. Jemand fragte gleich zu Beginn: »Gibt es wirklich Unvermeidbares?« Ich antwortete: »Den Tod!« »Und was heißt dann kooperieren?«, bohrte die Frau weiter nach. »Dies heißt«, fuhr ich fort, »Zusammenarbeit mit dem Sterben, dem Abschied, der Trauer, den eigenen Gefühlen wie dem Schmerz, der Dankbarkeit, der Einsamkeit.«

Die Frau war wie versteinert. In der Pause ging ich auf sie zu und erkundigte mich nach ihrem Befinden. Als habe sie nur auf diese Frage gewartet, legte sie los: »Da komme ich zu einem Vortrag über Gelassenheit, die mir so fehlt und was erlebe ich? Ich soll mit dem Unvermeidbaren leben. Mit dem Tod meines Mannes, der vor drei Jahren starb. Damit soll ich kooperieren? Das hat mir gerade noch gefehlt. Sie erinnern mich an alles, was nicht mehr da ist. Mein Mann fehlt mir. Deshalb brauche ich Gelassenheit. Ich kann den Tod nicht einmal annehmen und da soll ich kooperieren? Das geht ja über das Annehmen weit hinaus. Sie konfrontieren mich mit dem Tod und dem Schmerz.«

Ich hörte noch eine Weile zu und antwortete dann: »Ich glaube, Sie kamen hierher, weil Sie etwas ändern möchten. Ich habe Sie nicht mit dem Tod konfrontiert, sondern Sie tragen ihn in Ihrem Gepäck mit sich. Es ist an der Zeit, Ihre Grundeinstellung zu verändern. Kooperieren statt konfrontieren. Sie sind ständig mit dem Tod und Ihrem Schmerz konfrontiert, aber Sie kooperieren nicht damit.«

Was die Frau aus diesen Impulsen für sich gewonnen hat, weiß ich leider nicht. Aber an ihr wird der nicht akzeptierende Umgang mit dem Unvermeidbaren, in diesem Fall dem Tod, deutlich: nicht wahrnehmen, nicht trauern, nicht den Schmerz zulassen, keine Veränderungen und keine Initiative aufnehmen.

So gehen viele Menschen mit dem Unvermeidbaren um, möglichst wegsehen und erst recht nicht initiativ werden. Hier zeigt sich eine Verhaltensweise aus der frühen Kindheit, in der das Kind sich die Hand vor das Gesicht hält, um nicht gesehen zu werden und um selbst nicht zu sehen. Was der Mensch nicht wahrnimmt, gibt es auch nicht! Und doch ist das Kind klüger als viele Erwachsene, es blinzelt durch die Finger, um sich die Sache anzusehen. Blinzeln Sie durch Ihre Finger, schauen und spüren Sie hin!

Es gibt drei Arten des Unvermeidbaren, die ich im Folgenden beschreiben möchte: das allgemeine Unvermeidbare, das erworbene oder zugefügte Unvermeidbare und das selbst verursachte Unvermeidbare.

Das allgemeine Unvermeidbare

Es gibt gar nicht so viel generell Unvermeidbares, aber es bestimmt uns. Die gewählten Beispiele verdeutlichen dies am besten: geboren werden, krank werden, sterben, leiden, Frau oder Mann sein, Geschwister haben oder Einzelkind sein, die eigene Lebensgeschichte und Prägung, die Gene.

Geboren werden — das Leben

Wer geboren wird, lebt. Dies ist unvermeidbar und schon hier beginnt die Kooperation mit dem Leben oder die Ablehnung des Lebens. Bereits in der Art, wie Säuglinge mit ihrem Leben umgehen, zeigen sich große Unterschiede. Die Geburt hat Folgen und nahezu jeder Mensch gewinnt im Heranwachsen mehr und mehr die Entscheidungsfähigkeit, das eigene Leben wahrzunehmen, es zu akzeptieren und zu gestalten. Ob und wie er diese Fähigkeit nutzt, bleibt offen.

Niemand ist in letzter Konsequenz gezwungen, sein Leben einigermaßen glücklich und zufrieden zu leben. Aber fast jeder Mensch kann eine Grundentscheidung treffen – egal ob er in den Hütten oder in den Palästen wohnt. Er kann – sehr unterschiedlich und sicherlich vielmals nicht in Gleichberechtigung und Chancengleichheit – seine Existenz bejahen und mit ihr kooperieren. Damit unterwirft er sich nicht, sondern gewinnt an Gestaltungskraft und Perspektive. Die Möglichkeit dieser Grundentscheidung hat der Mensch beinah immer, denn er hat seinen Geist, seinen Willen und seine Entscheidungsmöglichkeit.

Mein Zuhause

Wie ist der Mensch aufgewachsen? Als Kind konnte man daran nichts oder nur wenig ändern. Das Zuhause ist das Zuhause, so war es und so ist es. Vieles hätte anders sein können, sicherlich. Aber es war nicht anders. Nun kann der Mensch traurig oder wütend sein, Neid empfinden oder depressiv werden. Es ändert wenig. Es bleibt die Frage: Wie gehe ich mit diesem Unvermeidbaren, das mein Leben bestimmte, um? Wie finde ich aus eventuellem Frust oder sogar aus erlittenem Unheil zur Kooperation? Dazu gehört auch der Blick auf die andere Seite: Hoffentlich gab es im Zuhause der Kindheit Dankenswertes, Gelungenes und Förderliches. Eigentlich ist auch dieses Geschehen unvermeidbar. Niemand muss darauf zurückgreifen, aber es ist unwiderruflich geschehen. Hier stellt sich die Frage: Nehme ich meine gelungenen Erfahrungen auf und wozu nutze ich sie, wohin führen sie mich? Man kann das unvermeidbar Gute auch vermeiden, und manche Menschen sind darin wahre Meister. Sie verdrängen alles, was an guten Erfahrungen in ihnen ruht. Es geschieht ab und zu, dass mir Menschen gegenübersitzen, die behaupten, dass in ihrem Leben nichts gut war und nichts gut ist.

Manchmal rege ich diese Menschen dazu an, nach dem Guten im Leben Ausschau zu halten und bei sich selbst damit zu beginnen. Selten, aber immer mal wieder, kommt dann die Antwort: »Es ist schon schlimm, dass ich geboren bin.« Argumentieren ist bei dieser Einstellung fast immer zwecklos. Häufiger treffe ich in solchen Situationen die Feststellung: »Sie scheinen diese Lebenshaltung zu brauchen und zu pflegen. Überlegen Sie sich, ob Sie diese Haltung verändern wollen.« Nur wenn der Mensch dies will, beginnt er mit sich selbst zu kooperieren.

Geschwisterkonstellationen

Unvermeidbar sind auch die Geschwisterkonstellationen, in denen ein Kind aufwächst. Ist ein Kind ein Einzelkind, sind es zwei, drei oder mehr Kinder, so wirkt sich dies auf seine Erfahrung mit dem Leben aus.

Über die mittleren Kinder ist viel geschrieben worden, sie werden oft als »Sandwich-Kinder« bezeichnet. Genauso prägend ist aber auch die Rolle der Großen oder der Jüngsten. Aus ihrer Praxis berichten Ärzte, Therapeuten und Heilpraktiker, dass sie mittlerweile die Geschwisterkonstellation für genauso wesentlich und prägend halten wie genetische Einflüsse. Wenn dies so ist, dann bleibt für die Betroffenen wiederum die Frage: Was nehme ich als Förderliches aus dieser Rolle mit und wie kann ich mein Ureigenstes leben, wenn diese Prägung unvermeidbar ist?

Dafür ist es hilfreich, sich bewusst zu machen, dass jeder Mensch nur von diesen einen Eltern, in diesem einen Augenblick und in genau dieser einen Konstellation gezeugt werden konnte. Jeder einzelne Mensch, der lebt, ist ein Mensch aus einer unendlichen Anzahl von Möglichkeiten. Eine Alternative zu sich selbst gibt es nicht, weder andere Eltern, andere Geschwister, noch eine andere Reihenfolge.

Jeder Mensch ist an diesen einzigartigen Moment des Werdens gebunden. Wäre das Zeugungsgeschehen ein paar Minuten später gewesen, dann gäbe es dich und mich nicht.

Lebensgeschichte und unveränderbare Prägungen

Zum allgemein Unvermeidbaren gehören nur einige begrenzte lebensgeschichtliche Aspekte, die dem Menschen mitgegeben sind. Einiges habe ich schon erwähnt, wie die Geschwisterkonstellationen, die Eltern und das Zuhause, in dem der Mensch aufgewachsen ist. Aber es gibt noch anderes Unvermeidbares. Wer ein Deutscher ist, ist es und wird es von seiner Geburt her immer sein, egal ob er in ein anderes Land emigriert oder diesen Umstand negiert. Genauso geht es einem Italiener, Südafrikaner oder Brasilianer. Ich kann die Tatsache bejahen oder verneinen oder eben gestalten.

Weiterhin gibt es genetische Prägungen oder auch genetische Behinderungen, die als Tatsache vorhanden sind. Heute lässt sich die Haarfarbe ändern, die Brust vergrößern, Behinderungen teilweise operativ aufheben, aber vieles ist auch nicht veränderbar. Es ist absolut unnütz und kostet viel Energie und viel Zeit, ein anderer Mensch werden zu wollen, als man oder frau vom Grunde her ist. Es ist konstruktiver, mit dem Unvermeidbaren zu leben und von da aus Veränderungen zu wagen und die eigenen Möglichkeiten zu vergrößern. Ich bewundere die Menschen, die sich aus ihren Begrenzungen heraus entfalten. Manch scheinbar vertrocknete Blume in der Wüste kooperiert mit den gegebenen Möglichkeiten und Chancen und wird, wenn der Regen fällt, eine Blume mit eigener Schönheit, Kraft und großer Überlebensfähigkeit. Wer sich an der Unvermeidbarkeit schleift, wird zu einem Edelstein. So wird ein Mensch zum einzigartigen Menschen, der sein eigenes Potenzial entfaltet, seine Grenzen respektiert und sich somit nicht überfordert.

Der Mensch wird erst im Erkennen der eigenen Unvollkommenheit ein vollkommener Mensch. Dies ist paradox, dennoch muss es so akzeptiert werden. Unsere ureigenste Vollkommenheit, im Sinne von Heilsein und Ganzsein mit allen Narben, Wunden und Begrenzungen, erwächst aus der Kooperation mit unserer Unvollkommenheit.

Krankheit und Leid

Viktor Frankl beschreibt diese Einzigartigkeit des Menschen:

»Und nun zur Frage des Sinnes unserer Unvollkommenheit und je unserer Einseitigkeiten: Vergessen wir doch nicht, dass jeder einzelne Mensch zwar unvollkommen ist, aber jeder unvollkommen in einer anderen Weise – jeder ›in seiner Art‹. Und so unvollkommen, wie er es ist, ist es nur er. So wird er, positiv ausgedrückt, irgendwie unersetzlich, unvertretbar, unaustauschbar.« (Aus: Die Sinnfrage in der Psychotherapie, zitiert nach: »Der Seele Heimat ist der Sinn«, München: Kösel 2005, S. 61)

Der Wert, die Würde und die Einzigartigkeit des Menschen bestehen also in seiner Unvollkommenheit und seiner Nichtperfektion. Sein Umgang mit Leid und Schmerz, mit Glück und

Freude, ebenso mit Niederlagen und Verlusten machen seine Einzigartigkeit aus. Vielleicht erleichtert uns dieser Gedanke auf zwei Ebenen.

Auf der ersten Ebene wird deutlich, dass unsere Narben, Verwundungen und Verletzungen uns von den anderen unterscheidbar machen und gerade diese Prägungen tief greifend und bestimmend sein können. In den meisten Fällen neigt der Mensch dazu, dies negativ zu sehen: »Hätte ich diese Verwundungen und bitteren Erfahrungen nicht, dann ginge es mir gut.« Sicherlich ginge es diesem Menschen anders. Ob sein Dasein ihn zufriedener machen würde, wage ich zu bezweifeln. Er wird viel Energie verbrauchen, damit diese Illusion weiterhin besteht. Es gibt kein Leben ohne Kranksein, ohne Schmerz und Leid. Diese Dinge mögen sehr ungleich verteilt sein oder sogar ungerecht. Aber Kranksein, Leid und Schmerz gehören zum Unvermeidbaren des Lebens. Menschen, die dies nicht wahrhaben wollen oder gar anderen diese Botschaft vermitteln, betrügen sich und andere. Viele Sprüche und Botschaften verlocken mit Illusionen und Halbwahrheiten:

- »Ernähre dich richtig und du wirst nie krank.«
- »Heile deine Aura und es gibt keine Probleme mehr.«
- »Iss täglich dein Müsli, meditiere täglich und du wirst gesund.«

Es gibt noch schlimmere Werbungen auf dem Markt der Heilsversprechen, aber die Beispiele machen deutlich, was gemeint ist. Neulich begegnete mir eine Frau, die mir genau erklärte, was diese oder jene Frau bei Brust- oder Darmkrebs falsch gemacht habe und was sie tun müsse, damit sie gesund würde. Ich bekomme an diesen Stellen unheiligen Zorn. Abgesehen davon, dass in jeder Aussage auch etwas Wahrheit liegen kann, sind diese Aussagen wenig heilsam, einfältig und dreist, ja, fast bösartig. Dem Menschen werden Schuldgefühle vermittelt, ungeprüft Schuld zugeschoben und es werden Stigmatisierungen vorgenommen. Dem Betroffenen, der sich dies anhören muss, geht es meist nach derartigen Aussagen noch schlechter. In solchen Situationen hilft eher die Grunderkenntnis, die dieses Buch prägt: Es gibt Unvermeidbares.

Es liegt im Wesen des Menschen, dass er auch krank wird, nichts ist perfekt. Leid gehört zum Leben. Und gerade die Erkenntnis, dass Leid unvermeidbar ist, befreit zum veränderten, nicht resignativen Umgang mit Schmerz. Wer das Unvermeidbare einsieht, sieht die Möglichkeiten der Veränderung.

Frau oder Mann sein

Frau oder Mann zu sein ist etwas Unvermeidbares, Frau oder Mann zu werden, ist jedoch gestaltbar und unterliegt bewussten und unbewussten Einflüssen. Kooperation mit dem Unvermeidbaren bedeutet also die eigene Geschlechtlichkeit zu leben und zu gestalten.

Heutzutage ist operativ vieles an Veränderungen und Umgestaltungen möglich, ob dies sinnvoll ist, soll hier nicht Thema sein. Viel wichtiger ist die Frage, wie ich meine persönliche Weiblichkeit oder Männlichkeit leben kann. Ich erlebe heute Frauen – die trotz oder gerade wegen aller Ungerechtigkeit und Chancenungleichheit – in ihrer Entwicklung selbstbewusster, flexibler, selbstständiger und kompetenter sind als viele Männer. Sie können oft alles, was Männer können und sind dabei Frau und eventuell sogar Mutter. Sie haben einen eindeutigen Entwicklungsvorsprung, sie leben ihre Weiblichkeit.

Dass dies in vielen Führungsetagen noch keine Auswirkungen hat, ist eine Frage der Zeit und der Förderung der Vereinbarkeit von Beruf und Familie. Allerdings bleibt die Frage, wie kann Frau die drei Ebenen Beruf, Familie und Partnerschaft und Raum für sich selbst gelassen gestalten und leben? Wie kann sie so mit ihrer unvermeidbaren eigenen weiblichen Seite kooperieren, dass sie erfüllt leben kann?

Und die Männer? Für die Männer sieht die Welt anders aus. Ich erlebe die meisten Männer in ihrer Männlichkeit verunsichert. Frauen, die sich entfalten, entfalten sich auch in den traditionellen Raum und Bereich der Männer. Dies ist weder gut noch schlecht, sondern ein Fakt. Gerade weil Frauen kompetent sind, ergibt sich für Männer die Frage: Wo kann ich meine Stärken fördern und ausleben? Vielleicht muss eine noch grundlegendere Frage gestellt werden: Wie kann ein Mann seine Kompetenz, sein Ureigenstes, sein Wesen wahrnehmen und fördern? Oder mit der Sichtweise dieses Buches gefragt: Was hat der Mann von seinem unvermeidbaren Mannsein? Wie kann er damit kooperieren?

Sicher gibt es Männer, die diese Frage nicht interessiert. Die Mitte ihres Lebens ist die Mitte ihres Leibes. Sie verwechseln Mannsein mit der Möglichkeit zum Geschlechtsverkehr. Solch eine Beschränkung des Mannseins ist eine mögliche, aber stark einschränkende Haltung. Man betrügt sich um Gefühle, um Erfüllung und um Verantwortung in Beruf und Familie. Vor allem kooperiert ein Mann auf diese Art nicht mit sich selbst. Er nimmt sich nicht als Person mit all seinen Möglichkeiten wahr und bleibt beschränkt.

Unsere aktuelle gesellschaftliche Situation ist für Männer nicht besonders förderlich. Viele Untersuchungen über Jungen und Mädchen, über Männer und Frauen fragen nach dem, was beide Geschlechter mittlerweile alles gemeinsam können und kommen zu dem Urteil, dass beide Geschlechter sich aneinander annähern. Ich frage bei Workshops und Seminaren mittlerweile nicht mehr danach, was alle können, sondern ich frage jeweils Jungen und Mädchen, Männer und Frauen getrennt danach, was für sie persönlich wichtig, typisch und unverzichtbar ist. Dann zeigen sich deutliche und sehr unterschiedliche Profile. Es gibt bei aller gemeinsamen Kompetenz auch eindeutig weibliche und eindeutig männliche Kernkompetenzen und Typisches. Mit diesen weiblichen und männlichen Schwerpunkten gilt es zu kooperieren. Es ist weder hilfreich, wenn Frauen die besseren Männer werden, noch hilft es, wenn Männer sich auf Berufsleben und Arbeit beschränken. Es gehört zum Mannsein, wenn ein Mann sich fragt: »Was kann ich als Mann unverwechselbar Männliches meiner Partnerin, meinen Kindern, meinen Freunden und Kollegen schenken?« Dazu ist es notwendig, die eigene Geschlechtlichkeit mit Lust, Freude und Verantwortung zu gestalten.

Das Älterwerden — alles hat seine Zeit

Ab und zu bin ich dienstlich in Düsseldorf. Dort ging vor mir eine Frau: enge Jeans, figurbetonter Pullover, langes schwarzes Haar. Sie war insgesamt modisch und jugendlich gekleidet. Auch ihre Figur war schlank und jugendlich. Die Frau blieb stehen und schaute sich um. Ihr Gesicht erstaunte mich, denn ihr Alter lag bei Anfang sechzig. Sie wirkte aber wie Mitte zwanzig, wenn man nicht auf das Gesicht und die Falten an Hals und Händen achtete. Das Signal der Frau war eindeutig: »Ich möchte jünger wirken.«

Konnte diese Frau nicht zu ihrem Alter stehen oder liebte sie die jugendliche Note? Ich weiß es nicht. Allerdings weiß ich, dass diese Frau die Problematik des Älterwerdens in unserer heutigen Zeit widerspiegelt. Dem Älterwerden kann niemand ausweichen. Das Kind wartet auf das Älterwerden und will endlich groß werden, der Erwachsene erlebt das Alter zumindest ambivalent. Ich kenne viele Menschen, die das Überschreiten der Vierzig, Fünfzig oder Sechzig als Krise erlebt haben.

Tatsächlich gibt es im und mit dem Älterwerden gravierende Veränderungen. Nicht nur statistisch gesehen nähern wir uns mit jedem Tag dem Tod. Erschreckt Sie dies? Wenn ja, dann hat dieses Erschrecken vielleicht auch etwas Gutes. Sie werden wach und aufmerksam für die Realität des Lebens. Vieles im Leben hat seine Zeit oder hat auch seine Zeit gehabt.

Ein Mann sagte mir einmal kurz nach der Pensionierung: Ich bin jetzt so alt und so jung, dass ich nur noch das machen möchte, wofür mein Herz schlägt. Damit war nicht gemeint, dass der Mann nur noch das macht, wozu er Lust hat. Im Gegenteil, er wollte das Wesentliche und das Unwesentliche im Leben voneinander trennen. Er wollte Zeit und Muße für das ihm Wichtige gewinnen. Dies ist eine schöne Einladung im unvermeidbaren Älterwerden.

Das Sterben und der Tod

Nichts ist so unvermeidbar wie das Sterben und der Tod, das wissen wir alle. Trotz Hospizbewegung, Trauerarbeit und Ähnlichem wird der Tod von den meisten Menschen aus dem Leben ausgeklammert. Dies gilt sowohl für den eigenen Tod, als auch für die Möglichkeit, dass Kinder, Partner, andere Angehörige oder Freunde sterben. Das Erschrecken über den Tod gehört für mich zum Besonderen und Erstaunlichen des Menschseins: Der Mensch versucht einen wichtigen und unveränderlichen Faktor, nämlich den Tod, aus dem alltäglichen Leben auszuklammern, herauszunehmen und den Tod aus dem Leben herauszuisolieren. Der Tod ist für viele Menschen ein Unglücksfall des Lebens und kein Teil des Lebens. Gerade ernsthaft kranke Menschen wehren sich lange gegen das Wahrnehmen des Todes.

Erst wenn wir den Tod – jederzeit – als unvermeidbar ansehen und beginnen, mit ihm zu leben, gewinnt das Leben neue Qualität. Es ist sinnlos, sich gegen den Tod zu stemmen und ihm ein paar Tage abzutrotzen. Erfülltes Leben misst sich nicht an Zeit, auch wenn es schön ist, zufrieden und lang zu leben. Der Tod beendet nun mal das Leben und dies steht für den Menschen und jedes andere Geschöpf bereits mit der Geburt fest.

Allerdings hat nur der Mensch die Möglichkeit, in den Jahren, die ihm oder ihr gegeben sind, das Leben in seiner ganzen Fülle und Verantwortung täglich neu zu gestalten. Der Mensch muss kein Getriebener sein, er ist nicht seinen Instinkten, Bedürfnissen und Trieben willenlos ausgeliefert. Dieses Wissen sollte für den Menschen ein Grund zur Freude, ein Fest, eine Erfüllung sein, denn er ist mit einem einzigartigen Bewusstsein ausgestattet. Nur der Mensch weiß um sein Potenzial, um seine Begrenztheit und hat damit die Chance, in und mit seinen Grenzen bewusst lebendig zu sein. Er kann mit ganzem

Herzen, mit allen Sinnen, mit seiner ganzen Kraft und all seinem Verstand lieben und leben.

Dort, wo der Tod als unvermeidbar angenommen und akzeptiert wird, erweitert sich das Bewusstsein und wird der Wert eines jeden einzelnen Tages erlebbar. Mit dem Tod zu kooperieren steigert die Qualität des Lebens. Auch wenn dabei Schmerz und Traurigkeit erfahren werden.

Kooperation findet auch in der Phase des Sterbens selbst statt, denn sie schenkt dieser Lebensphase eine eigene Intensität und damit auch Qualität. Zusammenarbeit mit dem Sterben bewirkt eine Verschiebung: »Ich werde nicht gestorben, sondern ich sterbe und gestalte diesen Weg mit.« Eine solche Haltung ist allerdings nur dann möglich, wenn der Mensch im Sterben gestaltungs- und entscheidungsfähig ist. Dies verdeutlicht: Kooperation mit dem Sterben sollte nicht erst im Angesicht des Todes beginnen, sondern Teil des Lebens sein. Sinnvollerweise beginnt diese Auseinandersetzung mit organisatorischen Fragen und Entscheidungen über Testamente, Patientenverfügungen und anderen Festlegungen und geht weiter mit Gesprächen über Tod und Sterben, Abschied und Ängste mit dem Partner, mit Freunden und auch mit den Kindern. Letztlich führt es zur Wahrnehmung des eigenen Lebens, von Mangel und von Fülle, von gelebten und nicht gelebten Sehnsüchten und schenkt so Chancen, das Leben gegebenenfalls zu verändern.

Der unvermeidbare Mitmensch

Manchmal sind wir gerne alleine, mir geht es zumindest ab und zu so. Dann kann ich gut allein bleiben, bewusst schweigen und andere Menschen wären eher störend. Aber auf Dauer möchte ich nicht auf diese Weise leben. Ist der Mitmensch vermeidbar? Schon Watzlawiks Erkenntnis »Man kann nicht nicht kommunizieren« verdeutlicht, dass auch die Vermeidung von Begegnung, Gespräch, Gestik und Mimik einen Kontakt zum Mitmenschen beinhaltet. Der Mitmensch ist unvermeidbar. Es gibt Beispiele von Menschen, die sich absolut von dieser Welt zurückgezogen haben. Sie sind und waren – ob absichtlich wie ein Eremit oder unabsichtlich wie Robinson Crusoe – allein. Aber wie sah ihre Innenwelt aus? Beim Eremiten ist seine Beziehung auf Gott oder eine göttliche Wirklichkeit ausgerichtet, also auch auf einen Kontakt. In der christlichen Tradition fand auch bei den strengsten Eremiten eine Einbindung in eine Gemeinschaft statt, denn stets kamen Menschen zu ihnen. So wurde verhindert, dass Menschen verrückt wurden. Geistliche Begleitung gehört zur religiösen Tradition. Sie soll auch krankhaftes Alleinsein und alleingelassen werden verhindern. Oft kamen gerade zu den strengsten Einsiedlern die meisten Schüler.

»Niemand ist eine Insel«, schrieb der englische Dichter John Donne, und an dieser Wahrheit hat sich nichts geändert. Obwohl man sich des Öfteren andere mit guten Gründen auf den Mond wünscht, sind die anderen auch die Sehnsucht und das

Ziel menschlichen Lebens. Zusammenleben beinhaltet nun einmal die Einheit von Liebe, Schmerz, Freude und Leid. Wer damit nicht kooperiert, kooperiert auch nicht mit sich selbst.

Das unvermeidbar Böse?

Ist das Böse vermeidbar? Diese Frage klärt sich nur, wenn es gelingt, das Böse zu verstehen. Ich verstehe unter dem Bösen nicht eine magische, fremde oder gar von Gott verursachte Macht. Das Böse geschieht meiner Ansicht nach fast ausschließlich durch den Menschen. Wobei es auch bei Tieren Veränderungen im Verhalten geben kann, mit teilweise schlimmen Folgen. Tiere können böse, können scharf gemacht werden. Meist ist jedoch auch hier der Mensch der Verursacher. Die religiösen Traditionen beantworten die Frage nach dem Bösen durch Mythen und Bilder, viel weiter ist die Wissenschaft auch nicht gekommen. Vieles ist erklär- und begreifbar und doch haftet dem Bösen auch etwas Geheimnisvolles an. Dieses Geheimnisvolle, letztlich Unerklärbare, wird auch immer ein Aspekt des Bösen bleiben.

Die christlich-jüdische Tradition erklärt wichtige Aspekte des Bösen in der Geschichte von der Vertreibung aus dem Paradies. Meist wird die Geschichte von Adam und Eva, die vom Baum der Erkenntnis aßen, als ein Verstoß gegen eine gottgegebene Regel verstanden: »Du darfst vieles, aber nicht alles«.

Meines Erachtens beschreibt diese Geschichte aber, wie das Böse in die Welt gekommen ist. Gehen wir davon aus, dass der Mensch mit den Tieren vor langer Zeit im Einklang lebte, weil beide dieselbe Bewusstseinsstufe hatten. Letztlich war dies das Paradies, der Mensch lebte im Einklang mit den Tieren, man fraß sich gegenseitig und dies war schlicht und ergreifend so. Irgendwann veränderte sich das Bewusstsein des Menschen, es entwickelte sich weiter und der Mensch kam an einen Entwicklungspunkt, an dem er eigene Entscheidungen treffen konnte. Der Mensch gewann Freiheit in seinem Handeln und blieb dennoch begrenzt in seinen Möglichkeiten. Das Wichtigste aber war: Der Mensch erkannte, dass er frei war, sich zu entscheiden.

Dadurch, dass der Mensch frei ist, kann er zwischen gut und böse selbst unterscheiden. Dies ist der entscheidende Punkt. Der Mensch erkennt seine Entscheidungsfähigkeit und mit jeder Entscheidung gibt es für ihn die Möglichkeit, etwas bewusst Böses zu tun oder auch nur zu denken. Mit der Möglichkeit, selbst Entscheidungen zu fällen, ist der Mensch aus dem Paradies ausgezogen und das Leben veränderte sich radikal.

Positiv gesprochen könnte der Mensch jetzt theoretisch ausschließlich Gutes tun. Aber er wird es in der Wirklichkeit des Lebens nicht immer leben können, da er nicht perfekt ist. Trotz aller Beschränktheit kann der Mensch sich für das Gute und Verantwortbare entscheiden. Dies zeigte sich zum Beispiel im Widerstand gegen das Dritte Reich. Manchmal wird der Mensch nur dann verantwortlich handeln, wenn er Schuld auf sich lädt und schuldhaft Böses auf sich nimmt, wie beispielsweise die versuchte Ermordung Hitlers.

Das Böse geschieht demnach durch den Menschen. Diese Feststellung gibt dem Menschen Verantwortung und Freiheit. Aber sind Naturkatastrophen wie zum Beispiel Erdbeben, die Tausende von Unschuldigen töten, nicht auch böse? Nein, ich nenne dieses Geschehen lieber tragisch. Keiner fügt dies den Menschen zu, es sind Ereignisse, die geschehen. Was aber ist, wenn diese Ereignisse durch Menschen (mit) verursacht werden? Sind sie dann böse? Waren die Menschen dann schlecht oder unverantwortlich?

Mit Sicherheit hat der Mensch unachtsam und unverantwortlich gehandelt und vieles Böse beginnt mit Unachtsamkeit und mangelnder Verantwortung. Sei es, dass jemand mit 60 km/h durch die Spielstraße rast, der Lastwagenfahrer zu lange übermüdet fährt, der Lehrer einen Schüler verspottet und abwertet, der Arbeitgeber nur auf seinen Wohlstand achtet, der Geizige anderen nichts gönnt, Frau oder Mann sich aus Lust und Laune in eine andere Beziehung einbringt, die Schüler einen Mitschüler in seiner Eigenart und in seiner Einzigartigkeit nicht annehmen und noch vieles andere mehr.

Das Böse ist in und unter uns und gehört zum Leben dazu. Niemand handelt nur gut. Im Gegenteil, jeder hat seinen eigenen inneren Schweinehund und lebt ihn ab und zu aus. Dies ist unvermeidbar. Ich kenne keinen Menschen, der nicht auch eine böse Seite in sich hat. Kooperieren mit dem unvermeidbaren Bösen ist für das Zusammenleben notwendig, heilsam und die einzige Chance, mit ihm umzugehen. Warum jemand böse handelt, kann man vielleicht sogar erklären, aber es hilft wenig.

Wichtiger ist die Wahrheit, dass jeder Mensch – hier möchte ich zunächst bewusst keine Einschränkung machen – seinen Willen, seine Verantwortung, seine Entscheidungsmöglichkeiten einsetzen kann. Niemand muss einem anderen Böses antun! Ob jeder Mensch gleich schuldfähig ist, ob manchen das Gute wirklich leichter gelingt als anderen, ob die Erziehung manches bewirken kann, ob noch vieles andere als wirkliche Entschuldigung angeführt werden kann, soll hier offen bleiben.

Ich möchte, dass deutlich wird: Auch wenn der Mensch selbst nicht immer dem Bösen widerstehen kann (sei es Hass, Geiz, Betrug, Selbstbetrug, Profitgier, Geilheit auf Kosten anderer, Machtbesessenheit ...), kann er mit dieser Realität zusammenarbeiten und sich selbst Zügel anlegen und verantwortlich leben. Das unvermeidbar Böse muss und kann, hier sage ich bewusst muss und nicht sollte, der Mensch zähmen und gestalten. Auch wenn es uns allen nicht leicht fällt.

Das erworbene oder zugefügte Unvermeidbare

Der Übergang vom allgemeinen Unvermeidbaren zum erworbenen oder zugefügten Unvermeidbaren ist fließend. Das erworbene Unvermeidbare umfasst persönlich Erlebtes, zum Beispiel das Sterben eines Elternteils. Ebenso gehören die Folgen eigener Entscheidungen, etwa der Partnerwahl, zu diesem Abschnitt.

Mancher Mensch klagt schon darüber, dass er überhaupt gezeugt wurde. Andere werden darüber klagen, dass ihr Zuhause in Kleinkleckersdorf ist und nicht in New York. Vielleicht sind sie ihren Eltern dafür ewig böse. Es nützt nichts, diesen Menschen die Gefährlichkeit einiger New Yorker Stadtviertel zu schildern oder die Vorzüge von Kleinkleckersdorf herauszuarbeiten. Solange sie das Unvermeidbare ihrer Lebensgeschichte nicht annehmen, helfen sie sich selbst nicht oder es ist ihnen nicht zu helfen.

Es gibt allerdings auch bitterböse und tragisch zugefügte lebensgeschichtliche Erfahrungen. Da ist es zu einfach, nur zu sagen, nun muss Mensch das Geschehene als mittlerweile unvermeidbaren Aspekt des eigenen Lebens annehmen, akzeptieren und integrieren. Auch wenn dieser Satz viel Richtiges enthält, ist er als Ratschlag nicht förderlich. Einige Fragen helfen an dieser Stelle eher weiter, und mit diesen Fragen beginnt die Zusammenarbeit mit dem Leben:

- »Worum geht es *jetzt* in meinem Leben?«
- »Wie kann ich mit dem Unvermeidbaren, dass mir zugefügt wurde, kooperieren, sodass es mich fördert?«
- »Wie kann ich es vermeiden, an Vergangenem zu haften, ohne das Erlebte unverarbeitet zu verdrängen?«

Hier wird ein therapeutischer Aspekt und Effekt erkennbar. Wer Gelassenheit sucht und sich mit dem Unvermeidbaren arrangiert, gewinnt Lebensqualität und Selbstbestimmung. Er oder sie kann lassen, was unveränderbar ist, und vermeidet dadurch überflüssiges Haften an der Vergangenheit.

Entscheidungen Dritter

Eine besondere Stellung haben Entscheidungen über andere Menschen. Hier schafft der Mensch für andere Menschen Unvermeidbares. Drei Beispiele für solche Entscheidungen:

Ein Arbeitgeber entlässt Angestellte, ein Kind wechselt auf Wunsch der Eltern die Schule, ein Schüler wird auf ein Internat geschickt. Diese Entscheidungen haben Auswirkungen, und obwohl die drei Entscheidungen sogar zum Teil verändert werden könnten – das Kind könnte noch einmal die Schule wechseln – schaffen alle Entscheidungen zunächst Fakten.

Egal wie flexibel mit den Entscheidungen umgegangen wird, die Betroffenen stehen vor Unvermeidbarem. Sie müssen mit Unvermeidbarem umgehen – der Entscheidungsträger nicht. Hierbei wird deutlich, dass Menschen mit dem Schaffen von Unvermeidbarem Macht ausüben, über einen Lebensabschnitt oder sogar über die Lebensperspektive entscheiden. Menschen benutzen das Unvermeidbare und nehmen positiv wie negativ durch das geschaffene Unvermeidbare Einfluss auf das Leben anderer.

Im wirtschaftlichen Bereich

In den letzten Jahren habe ich nicht nur im wirtschaftlichen Bereich, sondern auch in Non-Profit-Organisationen in der Begleitung von Menschen erlebt, wie sie durch ihre Entscheidungen andere durch Schließungen, Kürzungen und Entlassungen vor Unvermeidbares gestellt haben.

Viele dieser Entscheidungen waren so fadenscheinig begründet, dass keiner der Betroffenen sie akzeptieren oder annehmen konnte. Oft ging es statt um Einsparungen nur um Profit und um Gewinnmaximierung.

Wenn Menschen derart Bitteres widerfährt, kann der Mensch nicht die Entscheidung als unvermeidbar akzeptieren – dies entspräche auch nicht der Wahrheit. Sie war meist vermeidbar. Auch wenn es verrückt klingen mag: Nur wenn Betroffene die Entscheidung durch die Verantwortlichen als etwas Vermeidbares wahrnehmen, können sie das Eingetretene als persönlich Unvermeidbares in ihrer Ohnmacht annehmen. Der Betroffene muss und sollte nicht die Entscheidung akzeptieren, sondern mit seiner tief empfundenen Ohnmacht kooperieren.

Martin Luther King hat uns vorgelebt, wie aus der Akzeptanz der Ohnmacht Macht und daraus Veränderungsmöglichkeiten erwachsen können. Nachfolgend ein Beispiel dazu, das mich dieses Jahr begleitet hat. Ich werde es aus gutem Grund nicht deutlicher ausführen:

Wie geht ein Mensch mit der Schließung einer Tochterfirma um, die zu einem der reichsten Konzerne in Deutschland gehört, der ein Unternehmensteil nach dem anderen schließt? Skandale gehören zum Konzern und der einzelne Mensch zählt offenbar nicht. Aus betrieblichen Gründen wird diese Tochterfirma – natürlich mit Abfindungszahlungen – dicht gemacht. Ich erkenne darin kein ethisch verantwortbares Konzept. Schlimmer noch: Die Verantwortung für die Menschen blieb in diesem Fall außen vor.

Nun können wir weiter lamentieren, jammern, uns engagieren und Proteste verfassen. Es wird wenig ändern. Deshalb möchte ich die Kooperation mit der Ohnmacht verdeutlichen, so gut ich dies kann. Wer ohnmächtig ist, hat nichts zu verlieren. Wer nichts zu verlieren hat, könnte frei sein. Er müsste sich allerdings frei machen von den Abhängigkeiten, in denen er verhaftet ist. Meist sind dies emotionale Abhängigkeiten, denn die finanziellen Abhängigkeiten und Sicherheiten sind längst nicht so real, wie sie uns erscheinen. Sicher, es steht auch etwas auf dem Spiel: der eigene Ruf, das Image unbequem zu sein, die Angst Sinnloses zu tun und auch die Sorge, dass die Kooperation mit der Ohnmacht zu noch größerer Ohnmacht und zur Niederlage führt.

Ich erlebe in der heutigen Zeit, dass Menschen aus dieser Ohnmacht heraus anfangen zu kämpfen, für andere und für sich, sich engagieren, sich treu bleiben und Charakterstärke zeigen. Vielleicht gewinnen diese Menschen eine neue Gelassenheit inmitten der Ängste, die auch sie haben. Wie finde ich eine neue Stelle? Kann ich mein Haus behalten? Wie versorge ich meine Familie? Vielleicht führt die Kooperation mit der Ohnmacht aus einer Sackgasse und wir entdecken mitten im eigenen Leben Sehnsüchte und Visionen, für die bisher keine Zeit war. Vielleicht begraben wir mit der Ohnmacht die großen Versprechungen und Appelle, das Sicherheitsdenken und die beschönigenden Worte und besinnen uns auf uns selbst – nicht aus Egoismus, sondern als eine Basis für Einfachheit und Vertrauen.

Für diejenigen, die in Führungspositionen Entscheidungen fällen, aber gilt: Wer für andere Menschen Unvermeidbares schafft, sollte dies für sich selbst und für die Betroffenen mit hoher Verantwortung tun.

Eltern entscheiden für Kinder

In anderen Fällen ist den Menschen die Auswirkung ihrer Entscheidung überhaupt nicht bewusst. Eine alleinerziehende Mutter wollte ihrem Sohn etwas Gutes tun und schickte ihn auf ein Internat. Für den Jungen glich dies einer Katastrophe, niemand wollte seine Einsprüche und Signale verstehen. Für das Kind war das nun eine unvermeidbare Situation, er konnte sie nicht ändern. So tat der Junge als Zehnjähriger vieles, was ihm das Internat nach einem halben Jahr ersparte. Andere Kinder wären vielleicht glücklich gewesen, er aber fühlte sich erst recht einsam und im Stich gelassen. Fazit: Wer für andere Unvermeidbares schafft, sollte sehr genau prüfen, ob das für ihn Vermeidbare wirklich zu einer guten Lösung führen kann und sollte die Bedürfnisse der Betroffenen ernst nehmen.

Den Betroffenen hilft es in solchen Situationen, nach einer Phase der Verzweiflung, Wut oder Enttäuschung, wenn sie in die Zusammenarbeit und die aktive Gestaltung des Unvermeidbaren einsteigen. Der heranwachsende Junge hat ganz unbewusst als Kind mit seiner Ohnmacht kooperiert. Er hat sich im

Internat schulisch absolut verweigert, hat Prügel ertragen, Schule geschwänzt, Ängste gehabt, Rizinusöl geschluckt. Damit war er aber in inneren Widerstand getreten. Der Junge blieb sich treu, ganz unbewusst verteidigte er sich und ließ sich nicht brechen. Es könnte sein, dass diejenigen, die aus der Ohnmacht heraus handeln, Unvermeidbares beziehungsweise Gegebenes verändern, verwandeln oder gar ganz neue Voraussetzungen schaffen.

So wird dann selbst aus dem Unveränderlichen Veränderbares und Neues. Ich staune selbst: Die gesellschaftsrelevanten Aspekte, die Möglichkeiten, manchmal sogar die Sprengkraft, die in dieser Kooperation mit dem Unvermeidbaren enthalten ist, werden deutlich.

Das selbst verursachte Unvermeidbare

Das selbst verursachte Unvermeidbare setzt erst nach einer Entscheidung oder einem Zwischenfall ein. Zuvor war es noch vermeidbar, zum Beispiel das Pflücken von Äpfeln mit einer hohen Leiter. Nach einem Sturz ist das gebrochene Bein etwas Unvermeidbares. Ein ganz wesentlicher Teil dieser Art von Unvermeidbarem sind deshalb die Konsequenzen, die sich aus einem Geschehen, einer Entscheidung, einer Handlung ergeben.

Es liegt nahe, dieses persönlich Unvermeidbare als eine Folge mit fast immer negativen Aspekten anzusehen, da uns das negative oder schmerzhafte Unvermeidbare, etwa das gebrochene Bein, besonders in Erinnerung bleibt. Doch es gibt auch positives Unvermeidbares, beispielsweise die geernteten Äpfel. Solange sie am Baum hängen, kann der Mensch sie ignorieren und vermeiden, sobald sie geerntet sind, muss er damit umgehen – selbst wenn er sie wegwirft.

Für das selbst verursachte Unvermeidbare gibt es weitere Beispiele: die selbst verschuldete Ehekrise, der verursachte Unfall, das falsche Wort, die falschen Sätze, eigene Zügellosigkeit und Entgleisung, Egoismus und seine Folgen. Diese Form von Unvermeidbarem setzt vielen Menschen besonders zu und kostet Nerven. Erstens ist der Mensch selbst verantwortlich, zweitens hätte er es anders machen können, drittens muss er es selbst ausbaden und viertens betrifft es auch andere Leute, fünftens ... All dies führt statt zur Gelassenheit zu Ärger, aufgestauter Wut, Überspannung oder je nach Mensch zu Resignation, Depression, Enttäuschung, zusammenfassend gesagt zur Frustration, statt zur Frustrationstoleranz. Dies hat zur Folge, dass nicht mehr der Mensch die Situation gestaltet, sondern die Situation ihn bestimmt. Was tun? Genau in diesen Situationen ist die Kooperation mit dem Unvermeidbaren effektiv und nützlich. Sie ist sogar einfach, wenn der Mensch wirklich die Kooperation will.

Nochmals die drei wichtigsten Regeln:
- Nimm die Situation wahr, die entstanden ist.
- Akzeptiere – schweren oder leichten Herzens, noch besser mit Humor – die Situation, atme tief durch, lache, weine oder sei wütend.
- Gestalte die Situation vom jetzigen Punkt aus neu! Du stehst jetzt vor einem Neuanfang.

Diese drei Schritte mögen banal klingen, aber gerade wegen ihrer Einfachheit ist diese Haltung des Kooperierens im Alltag immer wieder auf Erinnerung, Bewährung und Neuanfang angewiesen. Was einfach klingt, ist schwer zu verwirklichen.

Was Entscheidungen und Handlungen bewirken

Das selbst gemachte Unvermeidbare hat zwei Ursachen, die nicht unbedingt zusammengehören, aber durchaus zusammen auftreten können: zum einen die eigene Handlung, die Fakten geschaffen hat, zum anderen die entsprechende eigene Entscheidung, die unwiderruflich ist oder nicht rückgängig gemacht werden kann. Ein Wort, das gesagt wurde, ist gesagt und wer im Stau steht, steht im Stau. Ausreden wie »So habe ich es nicht sagen wollen und schon gar nicht gemeint« sind allenfalls Versuche, noch irgendetwas zu retten. Aber das Geschehene ist geschehen. Wer seinen Partner verletzt hat, kann nicht sagen, dies sei nicht passiert oder zähle nicht. Die Tatsache steht im Raum.

Bei dem selbst gemachten Unvermeidbaren gilt erst einmal die grundsätzliche und radikale Feststellung, dass die Wiederherstellung des alten Status Quo nicht mehr gelingen kann. Das Alte ist vergangen, jetzt stellt sich die Frage: Darf etwas Neues beginnen oder vergrößert der Mensch das vorhandene

Debakel? Gerade heute noch erlebte ich ein kleines Beispiel dafür:

Auf der A3 um Köln-Ost gibt es eine neue, wahrscheinlich ewige, Großbaustelle mit Staugarantie. Jemand versuchte dies zu bewältigen. Er, es war ein junger Mann, hüpfte von Spur zu Spur und verursachte beinah einen Unfall. Am Ende war er langsamer als der ganze Stau und selbst genervt, aggressiv und für andere gefährlich.

Die Situation, die der Mensch geschaffen hat oder in die er gekommen ist, ist so, wie sie ist. Mit der Entscheidung von A nach B zu fahren, geht der Mensch ein Risiko mit Folgen ein. Er kann sogar etwas für den Stau, denn er gehört, wie jeder andere auf der Autobahn, zu den Menschen, die zu viel für diese Baustelle um diese Uhrzeit sind. Und schon hilft wieder nur eins, um die Gelassenheit zurückzugewinnen: Kooperieren mit dem Unvermeidbaren! Dies bedeutet für den jungen Mann: Bleibe mit Gelassenheit in deiner Spur.

So wird am Beispiel Stau deutlich, dass es Geschehen gibt, in das der Mensch hineingerät und für das er trotzdem selbst etwas kann.

Wer Kinder hat, hat Kinder

Nehmen wir ein anderes Beispiel, in dem sich sicher viele wiedererkennen können.

Eine Familie hat eigene Kinder. Vielleicht wie wir, drei Kinder. Die Kinder waren, wenn man nicht streng katholisch denkt oder nicht der Pille oder Kondomen grundsätzlich misstraut, vermeidbar. Kommen sie auf die Welt, beginnt das unvermeidbare Glück mit den Kindern, mit all seinen Schattierungen:

Ich erinnere mich lebhaft. Wir waren vor gut 20 Jahren mit unseren Kindern im Urlaub. Eines Tages entschlossen wir uns, essen zu gehen. Ich weiß nicht mehr, ob es ein Restaurant oder mehr ein Café war. Unsere Kinder waren einzigartig drauf, keine Absprache funktionierte, Grenzen zu ziehen war nicht gelungen, es war chaotisch, laut und wir waren genervt.

Ich bemerkte die Blicke eines älteren Herrn. Sein Ausdruck schwankte zwischen Mitleid, Ärger und Fassungslosigkeit. Als wir genug hatten und gingen, kam er zu uns und sagte: »Ihr habt euch die Kinder doch gewünscht, was soll jetzt euer Getue?«

Das saß. Er hatte Recht. Wir hatten uns die drei Kinder gewünscht, also galt es dies zu akzeptieren und mit allem, was sich dadurch ergab, fertig zu werden. Dies war eine intensive Lektion in »Kooperieren mit dem Unvermeidbaren«. Noch nicht bewusst, aber ein Anfang.

Wenn ich heute andere Eltern erlebe, wird mir der entscheidende Punkt von damals deutlich. Viele Menschen wünschen sich, Eltern zu sein, aber sie ahnen nicht, welche Auswirkungen und Folgen dies hat. Sie treffen eine gute Entscheidung und das Unvermeidbare beginnt. Es mehren sich die Belastungen: Beruf, Familie oder gar eigene Bedürfnisse sind nicht immer – und schon gar nicht leicht – unter einen Hut zu bekommen. Kinder stellen vom ersten Moment an Ansprüche, die oft gerechtfertigt sind und manchmal auch ganz und gar nicht. Es fehlt Zeit für sich selbst. Statt sich nun frustriert ins Schicksal zu fügen, gibt es die Alternative, mit der Gegebenheit des Eltern-Seins zusammenzuarbeiten, damit glücklich zu sein und davon zu profitieren. Dabei gibt es auch genug ermutigende Anregungen, um als Eltern nicht zu kurz zu kommen: Eine Cousine von mir hat es von Anfang an im Zusammenleben mit Mann und Kindern so organisiert, dass sie mit ihrem Mann mindestens eine Woche im Jahr kinderfreien Urlaub machen kann.

Das Vermeidbare wird zum Unvermeidbaren – durch Handlungen

Es ist wichtig sich zu verdeutlichen, dass das Unvermeidbare auch aus Handlungen erwächst, die der Mensch vollzogen hat. Dazu fällt mir die Begebenheit ein, die ein älterer Herr mir bei einem Gespräch am Krankenbett erzählte:

Er träumte unregelmäßig denselben Traum in unterschiedlichen Varianten. Er lag im Schützengraben und aus dem feindlichen Schützengraben sprangen in der frühen Dämmerung die »anderen« und stürmten auf ihn zu. Er schoss, genau wie die Angreifer und seine Kameraden, die mit ihm im Graben lagen. Ein Angreifer lief noch auf ihn zu. Er hatte kein Gewehr mehr in der Hand. Aber der ältere Herr schoss und schoss weiter, genauso wie andere in seinem Graben. Er weiß nicht, ob er den Mann erschossen hat. Aber es könnte so sein. Immer wieder sieht er ihn und sein Gesicht vor sich.

Der Traum hat seine Geschichte. Er beruht auf Wahrheit und zeigt das nicht angenommene, nicht integrierte und nicht verantwortete Geschehen. Durch die damalige Handlung hat sich eine Tatsache ergeben. Diese ist nicht mehr veränderbar, deshalb lebt der Mann mit etwas Unvermeidbaren. Als er mir von seinem Traum erzählte, haben wir ihn uns gemeinsam angeschaut und aus diesem Gespräch erwuchs ein Annehmen des damaligen Geschehens und sogar eine erste Versöhnung mit sich selbst. Der Mann besuchte einen Soldatenfriedhof und legte einen kleinen Kranz für alle getöteten Soldaten nieder. Er übte, zu seinen Handlungen zu stehen, indem er davon erzählte und zog daraus ethische Konsequenzen, indem er seinen Enkel bei der Kriegsdienstverweigerung unterstützte.

Kooperieren mit dem, was mir zugute gekommen ist

Natürlich hat das Kooperieren zwei Seiten. Viele Menschen leiden eher unter dem schweren Leben, als dass sie sich auf ihre Ressourcen besinnen, mit ihnen zusammenarbeiten und von ihnen profitieren. Im Kölner Raum sagt man, da pflegt jemand sein »armes Tier«. Die Einladung zur Gelassenheit beinhaltet auch die Kooperation mit all dem, was einem Menschen zugute gekommen ist. Hier beginnt eine besondere Situation. Muss der Mensch mit dem Guten in seinem Leben kooperieren? Gehörten das Gelungene, das eigene Potenzial und die Herausforderungen, die sich daraus ergeben, wirklich zu dem Unvermeidbaren? Kann der Mensch die Freude und die Visionen, die beispielsweise Kinder schenken, in seinem Leben aufnehmen?

Sicherlich führt die Vergegenwärtigung des Gelungenen zu Dankbarkeit und Wertschätzung der anderen und der eigenen

Person. Und dies führt zu mehr Gelassenheit. Die Menschen spüren in diesen Momenten, was ihnen zugute gekommen ist und lassen sich auf ihre Stärken ein.

Aber eigentlich ist dies noch zu wenig. Wer auf diese Weise lediglich das Unvermeidbare spürt, das ihm oder ihr zugutegekommen ist, bringt sich um das »Mehr«, das daraus erwachsen könnte. Dazu bedarf es des nächsten Schrittes, der Kooperation. Erst dann kann dieses Gelungene und Förderliche seine volle Wirkung in unserem Leben entfalten.

Kooperation und Rebellion

Ist die Einladung zur Kooperation mit dem Unvermeidbaren nun eine Aufforderung zur Anpassung oder gar zum Bravsein? Darf Wut und Aggression sein oder wird alles sanft und kooperativ gelöst?

Dieses Buch will keine Aufforderung zur Anpassung oder gar ein Ratgeber für die Verdrängung von Wut sein. Es gibt genug Situationen im Leben, in denen Kooperation nicht angesagt ist.

Hier hilft im Besonderen die Unterscheidung zwischen Vermeidbarem und Unvermeidbarem. Gerade das Vermeidbare ist immer für Veränderung und Gestaltung offen. Es ist das Wesen des Vermeidbaren, dass es nie endgültig ist, im Gegensatz zum Unvermeidbaren wie zum Beispiel dem Tod. Bei allem Vermeidbaren ist Widerspruch, Widerstand und Auseinandersetzung lebensnotwendig. Wichtig ist dabei die Erkenntnis und

Unterscheidung dessen, was letztlich vermeidbar und was unvermeidbar ist. Diese Unterscheidung überlasse ich in diesem Buch nicht dem Gutdünken oder einer persönlichen Unterscheidung. Vielmehr ist das Unvermeidbare auf seine eigene Wirklichkeit und Wahrheit zu hinterfragen. Kein Faschismus, kein Terrorismus, keine Todesstrafe, kein Autounfall, keine Börsenspekulation, keine persönliche Verletzung, keine Überschuldung, keine Nichtversetzung, um nur einige Beispiele zu nennen, sind unvermeidbar. Sie sind vermeidbar! Demgegenüber trägt das Unvermeidbare eine klar erkennbare Definition in sich: Es ist immer unvermeidbar.

Rebellion des Geistes und des Handelns für ein verantwortliches Zusammenleben stehen aber auch nicht im Widerspruch zu der Kooperation mit dem Unvermeidbaren. Das Erkennen und Akzeptieren des Unvermeidbaren überwindet zum einen die Ohnmachtserfahrungen und -gefühle, die durch seine Existenz entstehen können. So wird der Mensch befähigt, den eigenen Gestaltungsspielraum zu nutzen.

Des Weiteren zeigt es aber auch die persönlichen Grenzen auf, erweitert die Frustrationstoleranz und fördert die Geduld. Nicht zuletzt lernt der Mensch Hartnäckigkeit und Konsequenz für seine Lebensgestaltung. All dies sind Eigenschaften, die bei einer liebevollen Grundhaltung dem privaten und beruflichen Leben nur guttun.

In unserer Kindheit haben Hartnäckigkeit und Frustrationstoleranz unsere Entwicklung angestoßen – etwa beim Laufenlernen. Wir haben gelernt, dass Grenzen erweitert und sogar überwunden werden können. Dies war lebensnotwendig und der damit verbundene »Aufstand gegen das Unmögliche« schuf neue Möglichkeiten.

Kooperation mit dem Unvermeidbaren und Rebellion gegen Unerträgliches, nicht Förderliches und Unverantwortliches schließen sich also nicht aus. Im Gegenteil! Wer das Unvermeidbare in sein Leben integriert, dem erwächst Kraft für den Widerspruch und Engagement, wo es ansteht. Und die im Leben erworbene Geduld und Hartnäckigkeit verleiht in der Auseinandersetzung Vitalität und Durchsetzungskraft.

»Wer sich gehen lässt,
kann gar nicht selbst gehen.«

Der Raum zwischen
Vermeidbarem und
Unvermeidbarem —
das Unabänderliche

Ich habe einige Aspekte des Unvermeidbaren aufgezeigt und es gleichzeitig von dem Vermeidbaren abgegrenzt. Das Vermeidbare lässt sich wie folgt beschreiben: Es umfasst alles, was der einzelne Mensch mit seinen Möglichkeiten, Fähigkeiten und Grenzen aus seinen eigenen Entscheidungsmöglichkeiten tun oder lassen kann. Diese Formulierung enthält, dass das Vermeidbare für jeden Menschen anders sein kann. Ein Mensch, der gehandicapt ist, für den ist Fußpflege durch einen Dritten unvermeidbar, weil er seine Füße nicht erreicht. Für andere ist Fußpflege ein schöner Luxus, der aber vermeidbar ist.

Ein alltägliches Problem im Haushalt: Wer klein ist, braucht für viele Tätigkeiten eine Leiter oder einen Stuhl, sei es zum Fensterputzen, Glühbirnenwechseln oder zum Erreichen des oberen Bücherregals. Wer richtig groß ist, kann gut und gerne darauf verzichten und spart Arbeit, Zeit und lebt sicherer. Hier wird der persönliche Anteil des Unvermeidbaren deutlich. Daneben gibt es aber Unabänderliches, das der Mensch sich selbst schafft.

Stellen Sie sich vor, Sie wandern durch eine unbekannte Gegend. Die Gegend ist schön, Sie gehen immer weiter und merken irgendwann, dass Sie sich verlaufen haben. Sie überprüfen Ihren Weg und Sie stellen fest: Ich habe mich verlaufen oder gar verirrt.

Nun gibt es Zeitgenossen, die diese Feststellung auf keinen Fall machen. Sie verlaufen sich nie und sind immer auf dem richtigen Weg. Sie erkennen nicht an, dass sie sich geirrt haben oder dass sie auf dem falschen Weg sind. Sie werden weitergehen und irgendwann jemand anderem die Schuld geben und sich irgendwie aus der Sache herausmanövrieren. Nicht ohne Grund sind die unpräzisen Worte »irgendwie«, »irgendwann«, »irgendwo« so häufig in der Alltagssprache zu finden. Mensch will sich nicht festlegen, Selbsterkenntnis ist nicht gefragt und wahrscheinlich wird das Unvermeidbare »das irgendwie Vermeidbarunvermeidbare«. Übrig bleibt ein Wanderer, der ewig weiterläuft, damit er Recht hat, sich nicht mit den Fakten auseinandersetzen muss und auf keinen Fall Umkehr und Veränderung in Erwägung ziehen will.

Andere Zeitgenossen stellen einfach die Tatsache des Verlaufens fest und orientieren sich neu. Sie gewinnen Handlungsspielraum, weil sie den Tatsachen ins Auge sehen und einsichtig werden. Die Entscheidungen, die diese Wanderer nun treffen, können sehr verschieden ausfallen. Der eine wandert zurück, bis er den richtigen Weg findet, die andere (eine Spezialität meiner Frau) sucht per Karte oder Gefühl die neue Richtung – durchaus mit einem gewissen Risiko. Noch andere verzweifeln an Ort und Stelle und warten auf ein Wunder in Gestalt eines anderen Wanderers, der ihnen hilft oder in Form des nächsten Busses oder Traktors, der sie mitnimmt. Irgendwann und irgendwie wird schon jemand vorbeikommen. Mit diesem Beispiel wird die Wirklichkeit beschrieben, um die es in diesem Abschnitt geht. Ein Mensch hat eine für sich relevante Entscheidung getroffen – er wandert – und damit Fakten geschaffen. Dies hat Folgen. Er steht vor etwas Unabänderlichem – er hat sich verlaufen.

Das Unabänderliche — eine Erläuterung

Mit dem Unabänderlichen führe ich einen neuen Begriff ein, der die Situation kennzeichnet, in der der Mensch aus etwas Vermeidbarem (er muss sich nicht verlaufen) in einen Zustand kommt, der unabänderlich ist (er hat sich verlaufen). Nun gilt es damit umzugehen.

Das Unabänderliche beschreibt den Raum oder das Geschehen zwischen dem Unvermeidbaren und dem Vermeidbaren. Es gibt Situationen, die nicht unvermeidbar sind, aber die doch neue Fakten schaffen. Im Gegensatz zum bisher beschriebenen Unvermeidbaren ist das Unabänderliche grundsätzlich veränderbar. Aber es muss nicht, und manchmal sollte es auch nicht verändert werden.

Zwei Hinweise verdeutlichen den Unterschied. Wer vom Baum fällt und sich das Bein bricht, hat einen jetzt unvermeidbaren Beinbruch, der nur heilen kann. Oder: Wer Kinder hat, hat Kinder. Dies ist dann unvermeidbar. Wer allerdings seinen Kindern etwas wirklich verspricht, schafft nicht Unvermeidbares, sondern Unabänderliches. Das Wesen des Unabänderlichen besteht darin, dass es, wie bei einem Versprechen, eigentlich nicht verändert werden darf, aber doch verändert werden kann. Hält der Vater ein Versprechen einfach nicht ein, hat dies einen hohen Preis: Die Kinder sind mit Recht enttäuscht. Geschieht dies mehrmals, so verlieren sie das Vertrauen und glauben keinen Versprechungen mehr.

Das Unabänderliche als besonderes Eigentor

Manchmal schafft der Mensch sich Unabänderliches, das er gar nicht will. An einer Erziehungsfalle lässt sich dies schön verdeutlichen:

Der Vater möchte – sein Vorschlag und sein Interesse – mit seinen Kindern und seiner Frau ins warme Sole-Bad schwimmen gehen. Er hat seine Sachen schnell gepackt, die Kinder freuen sich auf das Schwimmbad, aber sie trödeln und spielen herum. Die Ehefrau und Mutter packt die Sachen der Kinder. Der Vater wartet und wartet und gerät in Wut. Er ruft ein paar Mal, nichts ändert sich. Nun beginnt er zu drohen: »Wenn ihr nicht in drei Minuten im Auto sitzt, bleiben wir alle hier.«

Widerspruch ertönt, aber nichts Wesentliches ändert sich. Der Vater stürzt ins Kinderzimmer und sieht das Chaos. Er legt nach: »Wenn ihr das nicht vorher aufräumt, fahren wir erst recht nicht!« Die Mutter widerspricht und beruhigt. Der Vater weiß die Situation weiter zu verschärfen: »Du hast den Laden auch nicht im Griff, jetzt muss ich auch das Aufräumen organisieren und auf das Schwimmbad verzichten. Ihr versaut mir auch alles. Wir bleiben hier.« Dieser Auftritt hat zur Folge, dass alle Kinder heulen, sofort vor der Tür stehen und die Mutter stinksauer ist.

Der Vater sieht das Trümmerfeld und denkt endlich nach. Ihm wird klar, dass er sich in ein beinahe unlösbares Dilemma gebracht hat. Entweder hat er sich um das Schwimmbad gebracht oder er steht dazu, dass seine Aufregung überzogen war, seine Drohungen und Anweisungen an der falschen Stelle und zur falschen Zeit stattfanden.

Dieser Mann schafft sich also ein Szenario, das unabänderliche Auswirkungen hat. Letztlich handelt es sich um ein klassisches Eigentor, das – allerdings mit einiger Überwindung – korrigiert werden kann.

Eine Alternative wäre folgende Entscheidung gewesen: Wenn die Kinder wirklich nicht wollen oder nur auf Kosten beider Eltern herumbummeln, muss und kann Vater oder Mutter (!) einfach mal alleine fahren. Ich bin sicher, die Lektion »Jetzt ist der Schwimmbadbesuch erledigt«, wird gelernt.

Selbst verursachte Katastrophen – das Unabänderliche verhindern

Gibt es weitere Aspekte zwischen dem Vermeidbaren und Unvermeidbaren, die aber nicht zum Unabänderlichen gehören? Das folgende Beispiel erklärt die Fragestellung:

Wer kleine Kinder hat und abends länger weggehen will, wird sich einen Babysitter organisieren. Für diese Eltern ist der Babysitter unvermeidbar – oder? Für Menschen ohne Kinder stellt sich diese Frage nicht. Also ist für sie jeder Babysitter vermeidbar.

Aber stimmt das Beispiel so überhaupt? Ich habe eine Situation beschrieben, bei der verantwortliche Eltern sofort zustimmen: Sie würden nie ohne einen verlässlichen Babysitter ihr kleines Kind alleine lassen. Aber ist dies unvermeidbar? Nein. Es gibt bestimmt Eltern, die keinen Babysitter engagieren und ihr Kind einfach einsperren. In den Medien wurde in der Vergangenheit mehrfach über Eltern berichtet, die ihre kleinen Kinder alleine ließen, kein Gefühl für Verantwortung und ihre Aufgabe hatten und nicht ausreichend für ihre Kinder sorgten.

Es gibt einen Raum zwischen dem Vermeidbaren und Unvermeidbaren, der ganz persönlich gestaltet wird. Hier entscheidet jeder Mensch, was vermeidbar und unvermeidbar ist. Das Besondere an diesen persönlich gestalteten Entscheidungen sind die Folgen, die aus diesen Entscheidungen erwachsen. Natürlich ist es rechtlich klar, dass die kleinen Kinder unter guter Obhut aufgehoben werden müssen, trotzdem wird dies oft nicht geschehen. Und die Folgen können fatal sein. Die Kinder können sich verletzen, tiefe Ängste und große Verlassenheit erleben oder auch noch Schläge bekommen, weil sie geweint und geschrien haben. Die Eltern handeln unverantwortlich, ihnen fehlt das Einfühlungsvermögen in die Situation des Kindes und das Bewusstsein für die Folgen ihres Handelns.

Ich möchte deutlich aufzeigen, dass es möglich ist, das unabänderlich Notwendige zu vermeiden, ihm auszuweichen. Aber eigentlich ist es etwas Unabänderliches, das als solches akzeptiert werden müsste. Wird es aber nicht akzeptiert oder gar vermieden, hat dies oft tragische oder sogar katastrophale Konsequenzen für die Betroffenen, in obigem Fall für die Schwächsten, also für die Kinder. Die Eltern geben keine Antwort auf die Situation ihres Kindes, sie behandeln das Kind so, als sei es nicht da. Sie akzeptieren ihre Verantwortung nicht als Tatsache.

Mehrfach Unabänderliches

Ein Mann arbeitet seit über 20 Jahren in einer Kölner Versicherung. Er macht seine Arbeit nicht nur gut, sondern denkt mit und bearbeitet seine Versicherungsfälle selbstständig und verantwortungsvoll. Aber er hat eine Schwäche: Er ist chronisch unpünktlich. Er kommt fast jeden Morgen zu spät an seinen Arbeitsplatz. Sein alter Chef schätzte ihn und ließ ihn gewähren, vor allem auch weil die Gesamtarbeitszeit stimmte und er zügig arbeitete.

Er bekam einen neuen, jüngeren Chef, der viel Wert auf Korrektheit legte. Dieser bemerkte schnell die Unpünktlichkeit, die es bei dem Angestellten gab. Logischerweise kam der Mann bei Treffen oder Abteilungsgesprächen regelmäßig zu spät. Der neue Chef tolerierte dies nicht. Er schrieb nach einiger Zeit eine Verwarnung, die erste und die zweite Abmahnung. Der Arbeitsplatz war in Gefahr, da der Chef für einen Menschen wie diesen Angestellten keinerlei Wertschätzung empfand und die übrigen Leistungen nicht zur Kenntnis nahm.

Es ergeben sich aus diesem Beispiel mehrere Ebenen des Unabänderlichen. Der Angestellte war unpünktlich, dies war schon lange so. Es war mehr als eine schlechte Gewohnheit, eher war es schon eine Charaktereigenschaft. Er versuchte sich zu ändern, aber dieser Wesenszug war tief in ihm verankert – vor allem aber war es keine Bosheit. Er kam auch zu spät von der Arbeit nach Hause, holte seine Kinder zu spät vom Sport ab oder erschien zu spät zu Einladungen. Obwohl viele Menschen diese Unpünktlichkeit sofort verändern oder vermeiden könnten, gelang es diesem Mann so gut wie gar nicht.

Das zweite Unabänderliche war der neue, exakte und pingelige Chef. Selbst wenn der Mann zwanghaft war, er hatte das Recht auf seiner Seite. Er konnte von seinem Angestellten Pünktlichkeit verlangen. Dieser Chef war eine Realität, mit der es zu kooperieren galt. Der Vorgesetzte konfrontierte den Mann mit sich selbst. Letztlich hatte aber auch die Zwanghaftigkeit des Chefs Züge des Unabänderlichen, er konnte genauso wenig aus seiner Haut heraus wie der andere.

Auch wenn wir feststellen, dass beide Menschen ihr Verhalten ändern müssten und dass auch jemand anders der neue Chef hätte werden können, so bleibt die Realität so, wie sie ist: Unabänderliches oder zumindest einige wesentliche Aspekte davon treffen hier tragisch aufeinander. Wir begegnen Unabänderlichem. Nur in der Theorie hätte dies vermieden werden können. Gelingt es in diesem Fall nicht, das Unabänderliche als gestaltbar zu akzeptieren und sich selbst zu ändern, steht viel auf dem Spiel, wie hier der Arbeitsplatz. Für den unpünktlichen Mann ergab sich durch eigene Initiative eine Veränderung. Er arbeitete in einer geistlichen Begleitung an seiner Unpünktlichkeit und entdeckte, dass er schon als Kind die Unpünktlichkeit bewusst und unbewusst forcierte. Wenn er unpünktlich war, fiel er auf. Er wurde wahrgenommen. Mit Erschrecken stellte er fest, dass dieses Wahrgenommen-werden-Wollen auch beim neuen Chef mit fast fatalen Folgen stattfand.

Er bewarb sich betriebsintern auf eine andere Stelle und sprach seine schwierige Seite bei der Bewerbung konstruktiv und offen an. Aus eigener Erfahrung kann ich sagen, er hat sich verändert und kommt immer öfter pünktlich. Er kooperiert.

Das Unvermeidbare hat in diesem Abschnitt eine besondere Qualität, so wird verständlich, warum ich es auch das Unabänderliche nenne. Obwohl es nicht endgültig unvermeidbar ist, will es als solches ernst genommen werden, andernfalls sind die Folgen unabsehbar. Oder anders ausgedrückt: Es kann vermieden werden, aber dies hat einen hohen Preis, den jede und jeder dann zahlen muss.

Es lassen sich weitere Beispiele finden. Wer einen Arbeitsvertrag unterschrieben hat, hat sich auf etwas Unabänderliches eingelassen. Es sei denn, der Mensch betrachtet die Festlegung, die durch den Vertrag entstanden ist, als etwas Unverbindliches. Dabei geht es hier nicht um die Frage einer Kündigung, einer Vertragsauflösung oder gar um die berechtigte Weigerung etwas nicht Förderliches zu tun, sondern um die Frage, ob durch die Anerkennung des Arbeitsvertrages dieser im positiven Sinne nicht zu etwas wertvollem Unabänderlichen – zumindest für eine bestimmte Zeit – werden sollte. Natürlich ist der Mensch von sich aus frei, die Arbeitsstelle zu wechseln oder ohne Arbeit zu leben.

Anders sieht es aus, wenn der Mensch seine Arbeit verliert. Es stellt sich die Frage: Braucht der Mensch unbedingt Arbeit – ist sie unabänderlich notwendig oder gar unvermeidbar nötig? Manchmal denken gerade die Vielbeschäftigten, dass sie ganz gut ohne Arbeit auskommen könnten. Zumindestens für eine Weile. Müßiggang aber ist gänzlich anders, als ohne Arbeit zu sein. Ohne Arbeit zu sein trifft den Menschen in seiner ganzen Existenz, er kann für sich oder für seine Familie nicht selbstständig sorgen und bemerkt seine Ohnmacht und Abhängigkeit. Nichts an dem Zustand, ohne Arbeit zu sein, ist positiv, gerade weil dieser Zustand selten selbst verschuldet ist, sondern zugefügt wird. Eine Gesellschaft, die Menschen nicht genügend Arbeit anbieten kann, ist krank und in ihren Grundzügen nicht stimmig, nicht sozial gerecht und ohne Vision und Perspektive.

So unabänderlich für den Einzelnen der Verlust seines Arbeitsplatzes sein kann, so wenig ist dies wirtschaftlich und gesellschaftlich unvermeidbar.

Politik und Wirtschaft erkennen nicht, dass der Preis dafür, für viele Menschen keine Arbeit zu haben, für jeden Einzelnen und die gesamte Gesellschaft sehr oder gar zu hoch ist. Fehlt der elementare Gemeinsinn und die gemeinsame Verantwortung füreinander, dann verliert der Mensch sein Grundrecht auf einen Beitrag für die Gestaltung der Welt und das Grundrecht, für sich selbst sorgen zu können. Die Folge ist Egozentrik, Versorgungsmentalität, Gleichgültigkeit, Mangel an Erziehung oder Durchmogelei.

Die unabänderliche Adoption

Die folgende Lebensgeschichte hat mir problematische Aspekte der Adoption verdeutlicht:

Eine heute erwachsene Frau wurde als ganz kleines Kind zur Adoption freigegeben. Die neuen Eltern adoptieren noch weitere Kinder. Nach einiger Zeit wird von der Adoptivmutter der lang ersehnte Sohn geboren und die Adoptiveltern verwöhnen ihn, schenken ihm heimlich große Teile des Vermögens zu Lebzeiten und streichen den Adoptivkindern selbst den Pflichtteil im Testament mit fadenscheinigen Begründungen. Der leibliche Sohn wird durch diese Erziehung nicht gerade gefördert und die Adoptivkinder werden ab einem gewissen Zeitpunkt zwar äußerlich korrekt, aber nicht fair behandelt. Von Liebe reden wir lieber gar nicht.

Diese Eltern haben das Unabänderliche in vielerlei Weise nicht ernst genommen. Sie haben all ihre Zusagen und Verträge immer wieder umgangen. Wo Recht sein sollte und müsste, wurde es ausgehebelt.

Zur Verdeutlichung: Zum Ersten schafft eine Adoption unabänderliche Verpflichtungen gegenüber den Adoptivkindern. Hier geschieht das Gegenteil. Diese Eltern wollten erst eigene Kinder und haben sich der fremden Kinder bedient, sie waren Ersatz und Bedürfnisbefriedigung zugleich. Statt in Dankbarkeit mit den Kindern zu leben und die Fülle des Lebens, die den Eltern nun gegeben war, zu achten, behandelten sie diese Kinder lieblos und verantwortungslos.

Zum Zweiten entdeckte die Frau, die mir diese Geschichte erzählte, das adoptierte Kind, als sie den nicht nur materiellen Betrug wahrnahm, dass sie andere leibliche Eltern hat. Die Wahrnehmung der eigenen leiblichen Eltern gehört zur Adoption dazu und sollte nicht verhindert werden. In diesem Fall reagierten aber die Adoptiveltern beleidigt, obwohl ihre Bevorzugung des leiblichen Sohnes allen bekannt war.

Zum Dritten schuf der Betrug der Eltern so viel Distanz, dass das Kind sich heute von den Adoptiveltern innerlich getrennt hat und es für notwendig hält, den Kontakt ganz zu lösen, um neu anfangen und ehrlich leben zu können.

Viertens sind auch das Geschehen der Adoption und das Aufwachsen mit den Adoptiveltern ein Teil der Lebensgeschichte und nicht mehr zu verändern.

Was ich deutlich machen will: Vieles hätte in dieser Beziehung nicht geschehen *müssen*, aber es geschah. So wurde aus

Vermeidbarem schmerzhaft Unabänderliches. Es wurden Tatsachen geschaffen. Der Verlierer ist eindeutig das Adoptivkind. Wie kann das Kind das Unveränderliche seines Lebens gestalten? Womit muss es kooperieren?

Die Sehnsucht nach Liebe und Beziehung verdeutlicht, dass für den Menschen Leben mit Sinnerfüllung und mit einem Zuhause verbunden ist. Wer darauf verzichtet oder verzichten muss, lebt eingeschränkt oder unerfüllt.

Nichts war wirklich unvermeidbar und doch ist die Situation heute unabänderlich. Nur durch die Gestaltungskraft und die Gelassenheit des heute erwachsenen Menschen kann neue Zufriedenheit erwachsen.

Der Umgang mit dem Unabänderlichen

Ohne Zweifel ist das Unabänderliche ein nicht gerne wahrgenommener Bereich, da er unabsehbare Folgen hat, oft mit tragischen Facetten.

Das Unabänderliche lässt bis zu einem bestimmten Zeitpunkt im Leben viel Gestaltungsraum. In dem Raum zwischen Vermeidbarem und Unvermeidbarem gedeiht eine eigene Wirklichkeit, die es zu beachten gilt und der mit Achtsamkeit und Wachheit begegnet werden sollte. Wer diesen eigenen Raum nicht wahrnimmt, findet kaum wirkliche Gelassenheit, da in diesem Bereich die persönlichen Gewohnheiten, unbewusste Muster und Entscheidungen zusammenfallen. Dabei ist es notwendig zu beachten, dass auch nicht gefällte Entscheidungen letztlich Entscheidungen von bedeutender Tragweite sind, wie im Beispiel des Babysittens. Grundlegende Entscheidungen sollten nicht nur wohl überlegt sein, aus ihnen erwächst auch Verantwortung und Verpflichtung, die über den Augenblick hinausgeht. Entscheidungen wie eine Adoption binden und verbinden lebenslang.

Einige weitere Lebensthemen gehören für mich ebenfalls in den Bereich des Unabänderlichen. Niemand muss den anderen lieben oder respektieren, keiner muss Beziehungen pflegen und niemand muss das Gute im Leben gestalten. Es ist vermeidbar, allerdings um den Preis der Unzufriedenheit, des Leidens, der Einsamkeit, des Krankwerdens oder des Unglücklichseins.

»Wer Gelassenheit findet,
hat sich selbst gefunden.«

Spirituelle Dimensionen der Gelassenheit

Aus der persönlichen Bemerkung einer Frau wird die spirituelle Dimension der Gelassenheit deutlich:

»Ich glaube, mit dem Unvermeidbaren wirklich kooperieren kann man nur, wenn man ein gewisses Grundvertrauen in das Leben, in Gott hat. Wenn man darauf vertraut, dass man nicht umkommt, wenn man gelassen ist, wenn man sich lässt, wenn man die Kontrolle lässt. Von daher ist im Moment meine Überzeugung, dass man nur Gelassenheit erlangen kann, wenn man sich lässt. Wenn man sich dem Unvermeidbaren, dem Unbegreiflichen, ja dem Leben, dem Göttlichen hingibt, sich in gewisser Weise unterwirft, ja eigentlich bedingungslos kapituliert.«

In den Worten wird die Wechselwirkung zwischen Gelassenheit und dem Unvermeidbaren angesprochen.

Gelassenheit, Vertrauen und Hingabe

Gelassenheit ist in ihrer Tiefe ein Sich-Einlassen auf etwas anderes, ein Sich-Hineingeben. Dieses kann ein Einlassen auf ein Geschehen, auf einen anderen Menschen, auf Gott oder auf sich selbst sein.

Sicherlich hat Gelassenheit – je tiefer der Mensch sich einlässt, desto intensiver – auch mit der Aufgabe von Kontrolle zu tun. Wer sich kontrolliert und sich selbst keinen Raum gibt, überprüft selbst noch das Unvermeidbare. Dieser Mensch will dann sichergehen, dass es wirklich das Unvermeidbare ist, auf das er sich jetzt einlässt. An dieser Stelle wird es paradox: Was als Befreiung angelegt war, wird zur neuen Aufgabe und Pflicht. Wer gelassen ist, kann von sich selbst absehen. Dies ist keine Forderung oder Pflicht, sondern ein Geschehen.

Deshalb gehört zur Aufgabe von Kontrolle das Wagnis, Vertrauen zu leben, auch dann, wenn es im Leben schon einmal enttäuscht wurde und wenn Vertrauen anstrengt. Kontrolle vermittelt die Illusion, dass der Mensch alles im Griff haben kann. Kontrolle sucht Sicherheit, die wir einerseits alle brauchen, andererseits führt ein Übermaß zur Erstarrung. Sie schränkt die Kreativität ein und verhindert Selbstständigkeit in allen Lebensbereichen, sei es im Denken, Handeln oder Fühlen. Jedes Kind braucht Sicherheit, damit es sich ausprobieren kann, aber es braucht auch die Freiheit für seine Entwicklung, damit es seine altersbedingten Grenzen überwinden kann.

Wo der Mensch Vertrauen lebt, gewinnt er die Fähigkeit zur Hingabe. Der Mensch gibt sich hin und überwindet seine Ängste und Beschränkungen. Dies wird oft nur teilweise gelingen, da Hingabe auch Selbstaufgabe beinhaltet. Der Mensch, der vertraut und sich hingibt, liefert sich aus. Er riskiert unter Umständen, dass seine Hingabe und sein Vertrauen missbraucht werden.

Im spirituellen Bereich sind letztlich nur Hingabe und Vertrauen zur göttlichen Wirklichkeit uneingeschränkt oder, vorsichtiger ausgedrückt, im hohen Maße möglich. Gott missbraucht den Menschen nicht, was leider für sein Bodenpersonal nicht immer gilt. Gott will, dass der Mensch sich möglichst angstfrei und vertrauensvoll entfaltet und seine Gaben und Fähigkeiten lebt.

Aus dem Herzen kommendes, uneingeschränktes Kooperieren

Das Herz ist das spirituelle Zentrum des Menschen. Damit ist nicht allein der anatomische Herzraum gemeint, sondern der ganze Herz-Brust-Raum, also beide Brustseiten. Dort ist ein Ort des erhöhten Fühlens und Wahrnehmens, in der religiösen Sprache ausgedrückt: Der ganze Mensch und besonders der Herzraum selbst ist der Wohnraum Gottes. Bei manchen Menschen ist dieser Raum körperlich und seelisch hart, starr und unnachgiebig. Sobald der Mensch sich aber für dieses spirituelle Zentrum öffnet und sich darauf einlässt, wird der Herzraum weit und flexibel. Die Angst, durch Hingabe und Vertrauen sich selbst zu verlieren, verschwindet mehr und mehr und der Einzelne spürt, dass er sich findet, sich entwickelt. Erst dann ist aus dem Herzen kommendes, uneingeschränktes Kooperieren möglich.

Sobald aus dem Herzen kommendes, uneingeschränktes Kooperieren mit dem eigenen Sein gelingt, erwächst die Gelassenheit aus dem Herzen und verliert ihre Beschränkungen. Es gibt eine Wechselwirkung: Mehr Gelassenheit führt zu mehr Kooperation, mehr Kooperation zu mehr Gelassenheit. So wird ein Prozess und ein Entwicklungsweg sichtbar, in den der Mensch sich begeben kann: Gelassenheit nimmt zu, genauso wie die Bereitschaft zur Kooperation mit dem Unvermeidbaren.

Ich nehme noch einmal ein Bild aus diesem Buch auf: Ein Mensch wandert zu einem Ziel. Die Wanderung ist der Prozess, auf den er sich einlässt; dazu gehört dann auch sich verlaufen, irren, neu anfangen, rasten, staunen, Schönes bewundern.

Grenzen als Chance

Jeder Mensch kann für seine Gelassenheit einiges tun, dies ist in den vorherigen Abschnitten beschrieben.

Dazu ist Spiritualität nicht unbedingt notwendig, aber sie wird dort besonders hilfreich sein, wo der Mensch seinen Grenzen begegnet. In der spirituellen Tradition des Christentums wird der Mensch als begrenzt und unvollkommen beschrieben. Damit wird niemand klein gemacht und klein gehalten, sondern in dieser Erkenntnis liegt Freiheit. Niemand muss alles können, geschweige denn kann sie oder er alles. Die Einladung christlicher Spiritualität ist klar und einfach: Lebe dein dir gegebenes Potenzial, so gut und verantwortlich, wie du es gerade kannst. Akzeptiere deine Begrenzungen als unvermeidbar. Lass dich herausfordern von Liebe und Vertrauen, wage es, erfüllt zu leben.

Innehalten statt »Weiter so!«

Stille und Innehalten fördern Gelassenheit. In der Stille und im kurzen oder längeren Innehalten gewinnt der Mensch:
- Sie oder er hält inne und stoppt das besinnungslose »Weiter so«.
- Der Mensch kommt zur Ruhe und kann dabei seine Müdigkeit, sein Glück, seine Freude oder die eigene Rastlosigkeit wahrnehmen.
- In der Wahr-nehmung wird die eigene Wahr-heit deutlicher, die Frage: »Wozu lebe ich?« taucht auf.
- In der Aufmerksamkeit und Achtsamkeit werden andere Dinge wichtig und das Wertvolle im Leben wird sichtbar.
- Die Gefühle erwachen oder sie dominieren nicht mehr – dies ist je nach Mensch unterschiedlich.
- Das Unvermeidbare wird deutlich. Sobald es einmal benannt wird, kann Kooperation beginnen.
- Das Herz, die Seele, der Leib und insbesondere der Verstand finden zur Ruhe.

In diesem Prozess wächst die eigene Gelassenheit. Sie ist eine Frucht vom Baum der Herzensruhe und ihr Saft ist die Kooperation mit dem Unvermeidbaren. In der Zeit, in der das Herz zur Ruhe kommt, wird der Mensch sich seiner selbst bewusst. Dies ist oft erschütternd, faszinierend und heilsam zugleich. Diese Zeit der Stille und des Schweigens sollte jeder Mensch sich regelmäßig gönnen.

In dieser Zeit bemerkt der Innehaltende das Unvermeidbare. Er erkennt – im Sinne von persönlichem Gewahrwerden – das für ihn persönlich Unvermeidbare und das allgemein Unvermeidbare. Herzensruhe aber ist mehr als Innehalten. Sie ist eine Qualität des Lebens, die aus der Übung erwächst.

Übungen, die Herzensruhe, Hingabe und Vertrauen fördern

Die einfachste Übung ist es, sich jeden Tag eine kurze Zeit der Stille zu nehmen. Dies verhindert, dass Sie gelebt werden, statt zu leben.

Die Stille hat eine intensive Kraft. Sie konfrontiert den Menschen mit sich selbst. Sie führt zur Begegnung mit dem, was der Mensch ist, und mit dem, was gewesen ist, was er hat, was er nicht hat, was er ersehnt oder was er sucht.

In der Stille werden diese Begegnungen wahrgenommen und wieder freigelassen. Der Mensch nimmt sich in der Stille wahr, aber er lässt diese Erfahrungen auch wieder, er haftet nicht an ihnen. Die regelmäßige Übung hilft dabei. Falls Sie sich aber an alten Erfahrungen festbeißen und doch anhaften, holen Sie sich bitte fachliche Hilfe. Deshalb ist es auf Dauer sinnvoll, nicht ohne Übung in die Stille zu gehen, sondern mit einer bewussten und kontinuierlichen Übung den Raum der Stille zu erleben. Zwei Übungen biete ich ihnen dazu an:

1. Spüren Sie in der stillen Zeit Ihren Atem, lassen Sie sich von Ihrem Atem durchdringen und führen. In vielen Religionen dieser Welt ist der Atem die Verbindung zum göttlichen Sein. In der christlichen Tradition sind Atem und Geist, also die Wirkkraft Gottes, dasselbe Wort – sowohl im Hebräischen wie im Griechischen. In den Momenten, in denen Sie Ihren Atem spüren und sich auf ihn einlassen, lassen Sie sich auf die Wirkkraft des Geistes ein und dieses schenkt mit der Zeit Herzensruhe. Herzensruhe fördert die Gelassenheit, genauso wie die Kooperation mit dem Unvermeidbaren. Beides gehört in gewisser Weise zusammen, sind aber unterschiedliche Türen zum Raum der Gelassenheit.

2. Sie können auch, statt den Atem wahrzunehmen, ein Wort, einen spirituell geprägten Satz fortwährend innerlich sprechen. Dieser Satz oder das Wort, zum Beispiel »Amen« oder »Schalom« oder »Ich in dir und du in mir«, wird weder heruntergeleiert noch bedacht. Das Wort wird ohne jede Betonung innerlich wiederholt. Sie sprechen das Wort und tun trotzdem nichts. In der Zeit der Stille begleitet Sie das Wort kon-

sequent und durchdringt langsam auch den Alltag. Das Wort wird in Ihrem Herzen lebendig. Diese Form der Meditation führt zum Herzensgebet. Genauer stelle ich diesen Weg in meinem Buch *Das Herzensgebet – ein Meditationsweg* vor (Kösel 2005).

Was gewinnt der Mensch durch kontinuierliche Übungen in der Stille? Mit jeder Zeit der Stille oder auch der Meditationspraxis wirkt der Mensch in seinem Innern einen Faden, der Halt und Orientierung gibt. Mit der Zeit wird aus einigen Fäden ein Seil, aus mehreren Seilen ein Strick, aus mehreren Stricken ein Tau, an dem der Mensch sich halten und orientieren kann. Wer ein Seil oder mehr in der Hand hält, kann vertrauensvoller und gelassener durch das Leben gehen.

Heilsame Gelassenheit statt Schuldgefühle

Da, wo Gelassenheit wirklich herrscht, also vorrangig ist, haben Schuldgefühle und schlechtes Gewissen keinen guten Nährboden. Schuldgefühle und schlechtes Gewissen aber sind ihrerseits der Nährboden für das Nichtkooperieren.

Wer Schuldgefühle hat, liefert sich dem Unvermeidbaren aus. Ursache für ein schlechtes Gewissen und für Schuldgefühle sind oft Überforderungen und verinnerlichte Normen, die überprüft werden sollten. Schuld dagegen ist die Konsequenz einer Handlung oder einer vermiedenen Handlung, wie beispielsweise unterlassene Hilfe. Wird für die Schuld Verantwortung übernommen, verändert sich die Haltung und die Belastung des Menschen. Während durch die Anerkennung der Schuld diese verarbeitbar und relativiert wird, gelingt dies bei Schuldgefühlen nicht. Schuld und Schuldgefühle haben wenig miteinander zu tun. Es hilft, sich die Frage zu stellen, ob bei Schuldgefühlen tatsächlich Schuld vorliegt oder ob es eher um den Eindruck von Versagen und Nichtgenügen geht.

Ähnlich ist es mit dem schlechten Gewissen. Beim Gewissen gilt es zu prüfen, ob wirklich eine Gewissensentscheidung ansteht oder ob hier eine verinnerlichte Moral, eine nicht erfüllte Aufgabe, eine nicht angemessene Erwartung sich in den Vordergrund schiebt und ein schlechtes Gewissen macht. Schuldgefühle und schlechtes Gewissen als solche zu erkennen und zu lassen, ist eine persönliche Aufgabe und schafft Erleichterung im Leben.

Auch dies führt zur Gelassenheit und löst die Fesseln, mit denen der Mensch sich selbst festgebunden hat oder festgebunden wurde. Niemand muss mit einem schlechten Gewissen durch das Leben gehen, er oder sie kann es lassen.

Ohne die Warum-Frage leben

Ein geistlicher Aspekt steht noch an: die Warum-Frage.

Vor fast drei Jahrzehnten besuchte ich eine Frau, die gerade ihren Mann urplötzlich verloren hatte. Er war mit gut 50 Jahren einfach nachts eingeschlafen. Wir kamen auf das Warum zu sprechen. Radikal und energisch sagte sie: »Ich werde nie ›Warum‹ fragen, das mache ich nicht. Das hilft nicht.«

Diese Frau war weise und ich begriff damals noch sehr vage, dass die Warum-Frage nicht hilfreich ist. Sie ist eine Falle und führt in die Sackgasse. Auf sie erhält der Mensch keine tiefen Antworten. Sie führt zu banalen und falschen Antworten und hat die dümmsten und traurigsten Gottesvorstellungen mitbewirkt.

Nehmen wir eine andere traurige Begebenheit:

Ein junger Mann war tödlich verunglückt, er fuhr mit dem Auto gegen einen Brückenpfeiler. Die Mutter fragte: »Warum ist er tot?« Der Vater fragte: »Warum lässt Gott das zu?« Kollegen fragten: »Wenn es Gott gibt, warum lässt er junge Menschen sterben? Der hatte doch das Leben noch vor sich?« Das Warum erlaubt nur fast richtige Antworten: Weil er zu schnell fuhr, weil er nicht aufpasste, weil er abgelenkt war. Den Trost, nach dem wir uns in solchen Situationen sehnen, schenkt es nie.

Die Warum-Fragen, die sich auf Gott beziehen, drücken nichts anderes aus, als die Sehnsucht nach einer Instanz, die Trauriges, Unabänderliches, Unvermeidbares und Schmerzhaftes rückgängig machen kann. Gott wird ersehnt als der, der die Tatsachen, die Realität wieder in Ordnung bringt. Diese Gottesvorstellungen teile ich nicht, aber ich kann die Sehnsucht der Menschen verstehen. Sie brauchen Gott dafür, dass er Unvermeidbares verändert. Dies geht an der göttlichen Wirklichkeit vorbei. Gott begleitet, meiner Ansicht nach, den Menschen durch alle Höhen und Tiefen der menschlichen Erfahrungen. Dabei schenkt diese Begleitung dem Menschen heil werden und heil sein. Aber rückgängig kann nichts gemacht werden, wiederholen und wieder holen kann der Mensch nichts. Gar nichts! Dies ist unvermeidbar.

Heilsame Spiritualität fragt nicht nach dem Warum, sondern sie lässt sich auf das Wozu und Wohin ein. Dies ist ihre Kraft und Stärke. Sie fragt: Wozu lebe ich jetzt und wohin führt mich diese Erfahrung?

Ohne Warum lebt es sich ehrlicher, klarer, selbstverantwortlicher, leichter und gelassener.

Warum nur

Als ich nach dem Warum fragte,
bekam ich Worte
ohne Antworten
zu viele
zu richtige
zu laute

Unermessliche
unwahre
unwissende
unerträgliche

Ich beerdigte das Warum
ich begann
zu reifen
zu begreifen

Ich frage
augenblicklich
gegenwärtig

Wozu führt es?
Worum geht es?
Wem nützt es?
Wie vertraue ich?
Wen liebe ich?
Wann ist der richtige Zeitpunkt?

»Der Krug, der mit Gelassenheit gefüllt ist,
darf ruhig überlaufen.«

Auf den Punkt gebracht – ein übersichtliches Fazit

Das Unvermeidbare
Der Mensch wird Handelnder, indem er das, was nie zu ändern ist, also das Unvermeidbare, nicht erträgt, sondern mit ihm zusammenarbeitet.

Der Perspektivwechsel
Der Mensch jammert weder über das vermeintlich Vermeidbare, noch ärgert er sich über das Unvermeidbare. Er gestaltet das Unvermeidbare zu seinen Gunsten.

Das Vermeidbare
Das Vermeidbare leben kann Freude und Schmerz bedeuten. Die Unterscheidung bedarf der Achtsamkeit. Dafür hat der Mensch seinen Willen. So kann er Vieles gewinnen.

Das Unabänderliche
Das Unabänderliche kennzeichnet die Situation, in der der Mensch aus etwas Vermeidbarem in eine Situation kommt, die nur sehr schwer zu verändern ist, aber oft verändert werden sollte.

Die Entscheidungsfreiheit
Der Mensch kann das Unvermeidbare und das Unabänderliche im Sinne einer echten Akzeptanz zulassen und gewinnt die Freiheit für neue Entscheidungen.

Die Gelassenheit
Der gelassene Mensch nimmt die Dinge und das Geschehen so, wie sie sind, allerdings ohne Resignation. Er wagt dies von ganzem Herzen, er lässt sich ein und findet so Herzensruhe und inneren Frieden.

Das Anhaften
Das Gegenteil von Gelassenheit ist Anhaften. Wer anhaftet, kann nicht lassen. Der Mensch hält sich an etwas fest und hat nicht den Freiraum, flexibel auf die jeweilige Situation zu reagieren.

Die Kooperation
Kooperation will einerseits das Unvermeidbare anerkennen und akzeptieren und gleichzeitig darüber hinausgehen und das Unvermeidbare – so weit es möglich ist – gestalten.

Über den Autor

Rüdiger Maschwitz

geboren 1952, studierte Theologie und Pädagogik. Seit 1993 ist er Landespfarrer in der Arbeitsstelle für Kindergottesdienst der Evangelischen Kirche im Rheinland (Wuppertal). Er absolvierte Zusatzausbildungen in Eutonie und Ehe- und Lebensberatung. Seit Mitte der 70er-Jahre lebt er eine intensive und kontinuierliche Meditationspraxis, ist langjähriger Kontemplationslehrer auf dem Weg des Herzensgebets und bietet geistliche Begleitung an. Im Seminarzentrum »Wege der Stille« in Much/Bergisches Land leitet er regelmäßig Kurse und Seminare, auch zu den Themen dieses Buches. Zusammen mit Gerda Maschwitz hat Rüdiger Maschwitz erfolgreiche Bücher zur spirituellen Erziehung und zur meditativen Arbeit verfasst. Sein Anliegen ist es, Menschen zu einem wohlwollenden Umgang mit sich selbst, mit den Bedürfnissen von Körper, Geist und Seele einzuladen.
www.wege-der-stille.de

Spiritualität und Religion

Zum Wesentlichen kommen

Rüdiger Maschwitz
DAS HERZENSGEBET
Ein Meditationsweg
Mit einem Vorwort von
Franz-Xaver Jans-Scheidegger
224 Seiten. Kartoniert
ISBN 978-3-466-36696-5

DAZU DIE CD:
Wohlwollen für sich selbst
Neue eutonische Übungen
Laufzeit 71:09 Minuten
ISBN 978-3-466-45779-3

**Konkrete Übungen, die Körper,
Geist und Seele guttun.**

SACHBÜCHER UND
RATGEBER
kompetent & lebendig.

www.koesel.de
Kösel-Verlag München, info@koesel.de

Psychologie und Lebenshilfe

Gekonnt scheitern ist hohe Lebenskunst

Ute Lauterbach
LÄSSIG SCHEITERN
Das Erfolgsprogramm für Lebenskünstler
104 Seiten. Flexcover.
Illustrationen
ISBN 978-3-466-30759-3

Obwohl Scheitern leicht und schnell geht, ist es meist verpönt. Wir sind gefangen in der Vorstellung, wir müssten immer gut drauf sein und alles im Griff haben, nur der Erfolg zählt. Dieses Buch zeigt, wie jedem die Kunst des Scheiterns mühelos gelingt.

SACHBÜCHER UND RATGEBER
kompetent & lebendig.

www.koesel.de
Kösel-Verlag München, info@koesel.de